台灣，世界的答案

吳權益——口述　張蘊之、黃楷君——撰述

加拿大為何會認為台灣很重要？

台灣最美的風景是我們有希望，可以想像更多的可能。
那個才是最美的。

目錄

第二章　在加拿大遇到中國：從中國新年變成農曆新年　91

第三章　文化如何行銷：品牌經營對ACSEA的啟發　125

第十章　最愛是台灣，最難也是台灣　299

結論　台灣的答案，世界的答案　321

推薦的話

「台灣文化節是溫哥華歷史最悠久的節日。它發起的『與亞洲對話』將來自香港、菲律賓、日本、越南等移民串連起來，創造對話，促進我們需要的多元社會的前進。台灣與加拿大擁有共同的進步價值，這在吳權益帶領的『加拿大亞裔活動協會』與許許多多其他台裔加拿大人攜手推動的台灣文化節中一覽無遺。身為溫哥華的市長，我希望未來我們可以長久跟台灣人民保持密切的合作與交流。」

——溫哥華市市長甘迺迪・斯圖亞特（Kennedy Stewart）

「我們可以依靠台灣來照亮我們，向這個了不起的國家學習，如此和平、民主又照顧人民……台灣人會欣賞殖民時期在他們的文化身分上所帶來的影響，並創建出新的、獨立的身分認同……我想最好的方法就是交一些台灣朋友，與他們見面、學習、深入交往，你就會發現他們是很棒的人，他們很有文化、很文明、很有教養，對國家來說是很好的公民，我想任何有台灣朋友的人都會這麼想。」

——《喬治亞海峽週報》總編輯查理．史密斯（Charlie Smith）

「台灣藝術家身上兼具不可思議的兩種特質：帶著民俗或古典的傳統，同時也具有非常前瞻性的思維與視角。作品前衛且跨世代，但深植於在地文化與民俗文化。」

——溫哥華冬季奧運藝術總監羅伯特．柯爾（Robert Kerr）

「Charlie讓數百萬名加拿大人看見台灣，瞭解台灣的多元文化與特色。他更啟發無數年輕人重新認識自己的故鄉台灣。透過他的努力與默默付出，Charlie展現作為台灣人的最佳特質，值得我們欽佩與學習。」

——「口譯哥」趙怡翔（前駐美代表處政治組長）

「花東沿海一帶阿美族人的耆老有一句常掛在嘴邊的話：『別人給我們沒有的，我們也給別人我有的。』這句話的背景是花蓮沿海有黑潮通過，經常黑潮會帶來台灣一些南太平洋漂流的椰子、麵包果，在花東著陸生長。同樣，颱風季節黑潮也會把台灣各種植物種子向北方帶到琉球更北的地方。這是『生態交換』的概念。文化也可以用『生態交換』概念進行。

二〇〇四年，還在文建會工作的我，去參加了加拿大台灣裔僑胞在溫哥華主辦的『台加文化節』大受感動。台加文化協會在加拿大推動『台加文化節』已有二十多年歷史，把台灣文化最精華的部分給予他們的國家加拿大，增添了加拿大多元文化的風姿，令人感動。現在吳權益兄，把積累二十多年的文化經驗和精華整理出書。這是由黑潮這一端的台灣，帶向加拿大那端最珍貴的禮物。」

——吳錦發（作家、前文建會副主委）

「加拿大台灣文化節（ＡＣＳＥＡ）是台灣文化外交最成功的典範案例！在參與二〇〇七年到二〇一〇年ＡＣＳＥＡ活動，感受團隊的活力與毅力，擅長以貼近社會關心議題策劃系列活動，透過對話、交流、溝通，有效詮釋台灣文化，最終獲加拿大政府及社會普遍認同。三十而立，成就的智慧與經驗，樂見成本書，隨喜推薦給您！」

——林正儀（前故宮博物院院長）

「了解自己從哪裡來的，才能知道要往何處去。我想這句話在認識Charlie之後更顯得深刻。二〇一九年受邀前往加拿大台灣文化節演出，旅途中我們有許多機會跟Charlie深聊，包括文化、政治、經濟、日常生活等面向。正是因為彼此生長背景的不同，讓我們能有更多元的角度回頭望那個摯愛的家鄉台灣。文化的養成，非常需要組織化的啟發、影響與傳承，那正是Charlie二十幾年來的志業，驅動著協會持續在國際發聲，發揮影響力。」

——拍謝少年 Sorry Youth

「十五歲負笈加拿大當小留學生的吳權益是加拿大台僑意見領袖，他在標榜多元文化的溫哥華策畫台灣文化節，但不限於台灣。他以燈籠與花燈串起韓裔、越裔移民對過年的鄉愁，他以靈活手法行銷台灣不被重視的善良價值，因為他相信：台灣，可以是世界的答案：世界，是台灣的一部分。」

——廖雲章（天下「獨立評論」頻道總監）

「幾年前初識Charlie Wu於溫哥華，印象深刻的是中學時代就離開台灣的他居然對台灣的文史有這麼深的感情。這本書讓我了解加拿大台灣同鄉會如何以對台灣文化的熱愛與信心，不自我矮化，在加拿大多元文化彼此尊重的環境下脫穎而出，每年以『台灣文化節』與『LunarFest』大放異彩。」

——賴其萬（和信醫院講座教授兼神經內科主治醫師、《杏林筆記》）作者）

推薦序（一）

做好細節，是蝴蝶效應的起點

陳立栢

基金會辦公室的會議室牆上，有著這樣一張照片——照片裡，是四年前的夏天，溫哥華美術館（Vancouver Art Gallery）大門外，一場將臺灣前輩畫家與當代畫家作品輸出成展板後，呈現給觀眾的戶外展覽。同一時間，美術館裡面正展出法國畫家莫內（Oscar-Claude Monet）的作品。當西方名家的作品在館內展出，臺灣畫家的作品只能在館外，令人心酸，卻也同時令我們明白：後續努力的空間仍然很大，這也正是蝴蝶效應的起點。

這場讓陳澄波、楊三郎、陳清汾等臺灣前輩畫家的畫作，在溫哥華的陽光下與夜空下讓人們看見的展覽，是二〇一七年加拿大台灣文化節（TAIWANfest）的一部分。在此之前，加拿大台灣文化節已經舉辦了很多屆，每一屆有著不同的內容，共同的主題則是臺灣。而本書作者吳權益（Charlie Wu）正是近年來加拿大台灣文化節的重要推手之一。

八旗出版社出版了許多好書，這本《台灣，世界的答案》也不例外。當讀者拿起它來閱讀的同時，將透過Charlie的視角，了解到身為加拿大亞裔活動協會（Asian-Canadian Special Events Association，簡稱為ACSEA）執行總監的他，是如何和團隊夥伴一起，致力於讓臺灣不只是「被看到」而是「被需要」——以及這些年以來，他所累積的種種心得。

最近，Charlie和他的團隊夥伴，向我詢問接受加拿大媒體《喬治亞海峽週報》（*The Georgia Straight*）採訪的意願。Charlie告訴我，該報總編輯Charlie Smith熱愛臺灣，希望透過採訪，把我與他們談過的、陳澄波與加拿大重要的前輩畫家Emily Carr聯展的構想提出來，同時，推動阿里山成為世界遺產的訴求，也可以藉這個機會，看看能不能在加拿大引起一些呼應。

我很謝謝他們的邀請，但我並不擅長受訪這樣的事情，加上自覺英文不夠好，因此，一開始我是婉拒的。但Charlie和他的團隊夥伴鍥而不捨，先是居中確認書面採訪的可能性，而後Charlie更表示願意擔任翻譯的工作。我想，如果書面採訪真的可行，再加上Charlie的翻譯，我就來試試回答媒體的提問。

這件事情，就在Charlie與團隊夥伴的熱心與堅持下被促成了。我所認識的Charlie，是一個很專注的人，而且，對於他認為正確的事情，會很熱情、很努力去達成。以我和他之間的互動來看，他有意願也有能力，以條理和熱情去說服，讓事情能夠順利往前推進。這樣的精神，也展現在《台灣，世界的答案》這本書裡。

透過閱讀本書中的種種細節，讀者朋友也許能得知過去所不知道的一些事情。更重要的是，我確信，為了這一切而努力的Charlie與他的夥伴們，對每一個細節的堅持與講究，使得蝴蝶效應可能發生——事實上，是已經發生，而且持續擴散中。

推薦序（二）

台灣：獨特而美麗的答案

鄭麗君（前文化部長、青平台基金會董事長）

吳權益先生從一九九九年開始投入加拿大台灣文化節策展工作以來，與策展團隊不斷地思考台灣文化節的概念與形式。加拿大台灣文化節這個品牌與平台持續茁壯進化，甚至促成許多台灣藝術家和表演團隊參與二〇一〇年加拿大冬季奧運藝術節。如今，台灣文化節已是台灣和加拿大之間的重要文化橋梁，更是加拿大社會及北美地區理解台灣的一扇窗戶。

加拿大台灣文化節超越「讓世界看見台灣」的思維，展現「讓台灣成為世界的答案」的企圖心。這是什麼意思？這代表這個文化節慶要呈現的不僅是我們所熟知的「台灣之光」，而是試圖找出能與世界產生共鳴的台灣元素，讓其他國家在台灣身上找到他們所追求的答案。我相信，跨國間的文化交流，除了增進彼此的認識，往往會發現，彼此也會更了解自己。台灣和加拿大透過台灣文化節產生的交流，就是最好的例證之一。

對於加拿大這個多族群國家來說，族群之間的尊重、包容與共生，是其社會發展的重要課題。而台灣文化節選擇呈現台灣多元文化——從原住民族、客家，乃至於台灣與香港、日本、菲律賓和越南等亞洲國家的文化連帶，不但讓加拿大民眾看見台灣，也觸動其多元主義的核心關懷。

在本書中，我印象最深刻的是關於台灣文化節與加拿大原住民族和解運動的交會。台灣文化節開場時，也會像其他在加拿大舉辦的活動，都先唸一段宣告。這段宣告讓我十分感動，容我在此再次摘錄：「我們感謝今日能夠一起站在海岸薩利族，包括思夸米什族、提里斯瓦圖族，他們祖先留下來，不可退讓的傳統土地上。」

台灣原住民族歌手蘇瓦那曾經參與台灣文化節的演出，這段宣告也因而成為他創作的靈感來源。台灣文化節對於加拿大原住民族歷史的尊敬與重視，間接讓兩地的原住民族運動產生了連結。因此，台灣文化節所打開的這扇窗戶，不只是要讓世界看見台灣，也讓台灣獲得新的文化養分。

在本書中，吳權益先生提到，他並沒有要去決定什麼是台灣文化，而是藉由台灣文化節，讓年輕人去問問題、探索答案。從這個角度來看，或許我們便能更加理解，為什麼加拿大台灣文化節總是試著去做不同的文化串連，因為這才能擴大和深化「台灣」兩個字，而不被簡單的定義所拘束。

本序寫作之時，正是二〇二一年加拿大台灣文化節舉行之際。我注意到今年的主題插畫，是由台灣青年藝術家鄭景文所創作的「文化發酵」：從台灣和韓國共有的食材發酵文化——如泡菜、醬菜等——出發，再延伸到兩國共同經歷過的威權體制，以及其後對民主自由的追求，形成兼具深度和廣度的對話。就如台灣文化因多元匯聚、相互影響而充滿生命力，台灣文化節也像是一個充滿想像力的實驗室，讓台灣文化不斷醞釀變化，不斷展現新的時代精神。

台灣文化不僅是我們所傳承的一切，台灣文化也有無比的潛力，能夠發展成我們還沒想到的那個樣子。因此，台灣文化也可以是世界上的一股多元的創造力。這是加拿大台灣文化節給我們的啟發。

回到本書的核心問題：「台灣是否能夠成為世界的答案？」我的回答跟吳權益先生一樣肯定。我始終認為，在台灣過去百年的歷史中，台灣人有過對於民主、自由、人權、族群平等及環境正義的奮鬥，並在這塊土地上開展出自由、多元、包容且創新的台灣文化，讓台灣能作為一個獨特而美麗的答案，貢獻於世界。

推薦序（三）

加拿大人因此敬佩台灣

查理．史密斯（Charlie Smith，溫哥華《喬治亞海峽週報》總編輯）

該怎麼形容吳權益這個人呢？他最知名的身分，是在溫哥華和多倫多擔任台灣文化節的重要策展推手，他所主導的台灣文化節每年都會探索這個獨立島國的藝術、文化和飲食成就。

不過，台灣文化節可不只如此。事實上，它讓加拿大人可以遠遠更深入瞭解，是何種歷史、地理和殖民因素以及知識學術的影響匯集在一起，才創造出世界上最了不起的國家之一。

生活在台灣的民眾輕易就能意識到比台灣大上許多的鄰國——日本和中華人民共和國

——所帶來的影響，可是有多少台灣人曾經想過，他們的國家與菲律賓、越南、南韓和香港的相似之處是如何形塑了台灣的發展？

吳權益是個很有遠見的人。他長時間生活在加拿大，看見這個國家如何經歷一波波的移民潮而改變國族認同，因此他也能用不同的角度去看待台灣。

他已經證明，台灣人不該自視身在一座失根的孤島，其實台灣是範圍更巨大、熱愛自由的群島的一份子。

他也非常積極關注，加拿大如何終於開始正視過去對原住民人口施加的暴行，而原住民藝術又如何能夠在幫助人們療傷止痛上扮演關鍵的角色。在這方面，加拿大和包含台灣在內的幾個東亞國家十分相似。

為了深化這份理解，吳權益做了件前所未有的事——他將太平洋兩岸的原住民藝術家家族帶在一起，合作公開展覽，來進一步促進關於各地原住民族之間有何異同的對話。

儘管吳權益從不邀功，但他所做的一切讓年輕的台灣人對自己的文化更加驕傲。在他的努力下，幾個世代的台裔加拿大人更深入認識了台灣蓬勃發展的獨立和流行音樂圈，以及台灣活躍的視覺藝術界以不同於其他亞洲國家的方式，搭起東西方之間的橋梁。

我們也別忘了台灣的進步思維，既強調古典的儒家哲學，也曾經歷多年爭取自由的漫漫長路。台灣永遠會是東亞第一個同性婚姻合法化的國家，讓許多加拿大人敬佩不已。台灣的健保制度在世界各地都備受推崇。台灣人民十分支持為環境負責的政策，這點和許多加拿大人的看法如出一轍。而對於其他正在掙扎擺脫壓迫枷鎖的人們來說，台灣的民主更是指路明燈。

台灣文化節在加拿大人眼中有許多面貌，但對某些人而言，文化節的招牌是每年的「台灣書店」展覽。這個展覽突顯出台灣人民多麼珍惜他們所擁有的自由。

透過台灣文化節，吳權益呈現出台灣最美好的部分，這也是為什麼來自各個政黨和政府層級的政府官員都經常成群出席開幕典禮。這可能是全世界唯一一個台灣的文化節受到市級、省級和聯邦層級的外國政府資助。

對台灣人民來說，他是位極其重要的文化大使——而他為加拿大人上了關於台灣認同的一課，應當要在太平洋的兩岸都受到讚賞。

「我不是華裔加拿大人，」吳權益想說，「我是台裔加拿大人。」

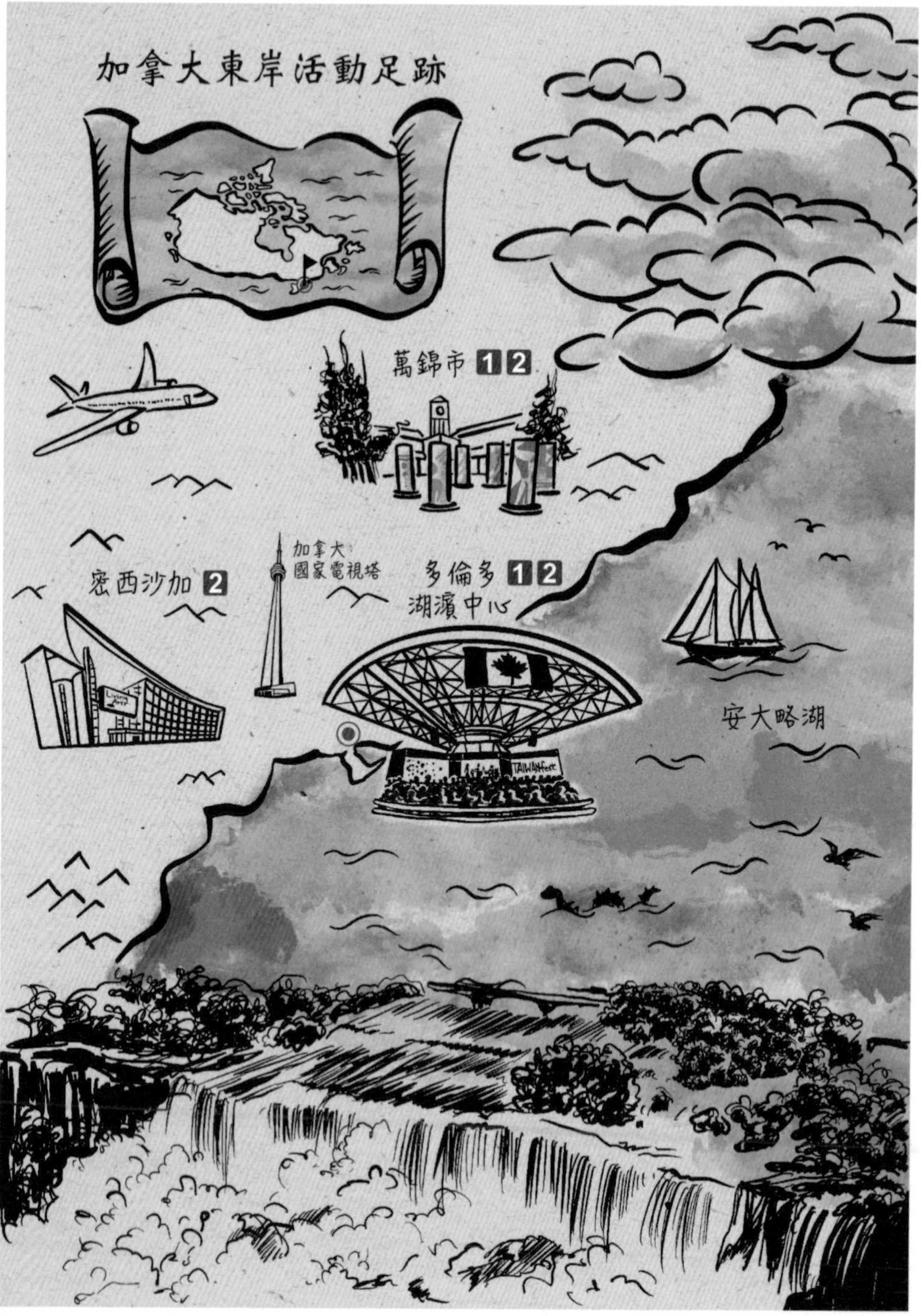

1 加拿大台灣文化節　2 新春藝術節

1 加拿大台灣文化節　2 新春藝術節　3 城光藝境

自序

台灣有的不只是口罩

在《台灣，世界的答案》裡，我要說的是一種態度，一個念頭，是跌跌撞撞領會出來的心得。從十五歲來到美國，我生活在美國與加拿大長達三十七年，遠遠超過我在台灣成長的日子。而在這些日子裡，台灣在世界上的地位一直是很多台灣人心中的憂慮，崛起的中國時常讓世界各國有喜有憂，直到新冠疫情的爆發，世界似乎才進入了一個新的紀元。台灣人一直都很努力的想要讓世界看到，總是希望自己不要被忽略或矮化，永遠怕來不及告訴大家台灣的好。生活在以多元文化為國家政策的加拿大，對我而言這樣的心情也不輸給在台灣的人。

過去有一群前輩，曾經為了台灣民主化在加拿大默默地付出；而台灣民主化後，也有另一群人為了要台灣得到尊重，不斷大張旗鼓的跟世界喊話。我曾經問了自己一個問題：「世界真的有聽到台灣的吶喊嗎？」對我而言，很不幸的是，在大部分的時間裡答案是否定的。原因很簡單，對一個有來自世界各地移民的加拿大，幾乎每個移民都跟台灣移民一樣，他們也都只講自己的故事。為什麼他們要特別在意台灣呢？何況，如果每個加拿大移民社群都要人家去關注自己的原生地，那置加拿大於何地？這樣的多元文化是加拿大的福氣還是災難呢？種族歧視的問題，會不會也是源自於這種移民的鄉愿呢？有多少人看待自身與他人文化的過程中，刻板印象是否已經決定了我們的思維呢？要回答自己這樣的問題，我們先把加拿大當成自己的家，因為如果我們無法為自己的家有所貢獻，怎麼會有影響力呢？

這個想法讓我們開始把活動作為解決加拿大問題的方法，而這樣的思維卻也讓我意外的發現，我們心中的「台灣」已經某種程度成為是加拿大的「答案」。台灣人可以先換個方式去告訴別人我們多好嗎？開始探索台灣可以為世界解決什麼問題？台灣不能只有被看見，台灣要被世界需要！

《台灣，世界的答案》這也是我想與世界各地的台灣人一起共同想像的、彼此互相勉勵的一種方式來思考我們都熱愛的台灣。我們從告訴別人台灣如何的「不同」，轉成我們一起在加拿大創造我們的「共同」。台灣會在這樣的共同中成為有意義、甚至永久的存在，而我們的不同卻要跟這個多元社會裡更多的不同去爭取被注視的眼光。這聽起來好像很抽象，但是這只是回歸的人性的根本，我們在乎的永遠都是我們有關的事物。台灣可以變好，是因為這個世界更好。這個思維是過去二十多年來我們在加拿大活動的一種心境轉換，從希望台灣被看見，一直到後來的台灣如何被加拿大需要。加拿大如何因為我們的「台灣文化節」而可以更好讓我們的活動成為一個平台，我們不再當主場的老大，而試著轉換成大家認同的老二。這個平台雖然名字叫台灣，卻允許來自世界各地的人、原住民及社會的邊緣人看得到他們自己，這樣的台灣也成了世界的台灣。

新冠疫情後台灣對世界的喊話是「Taiwan Can Help」，其實也證明了台灣人是想成為世界的答案的。但是，台灣只有口罩可以幫這個世界嗎？只有在災難時台灣才願意幫嗎？台灣的文化平常時可以幫忙嗎？音樂人、美術館、博物館、大學生、小學生……等等台灣的種種，可以幫什麼嗎？台灣的企業能把產品賣到世界各地，是不是也可以把有心幫忙世界的台灣人也送到世界各地呢？其實，台灣，如何成為世界的答案，不是等著世界告訴我們他們需要什麼，是我們做的每一件事情都思考著世界需要什麼。我們在加拿大的經驗或許可以讓台灣人參考與想像，一個屬於這個「世界的台灣」。

從錯誤中學習前進

這本書不是炫耀自己的成就，它反而是分享我更多從失敗走過來的經驗。記得有一次P&G贊助了我們，隔年想要加碼成為最大的冠名贊助。我要求了十萬加幣，對方只願意給我八萬。我以為我們應該值得十萬而堅持，最後的結果是我連八萬的贊助也失去了。許多年後，我終於領悟出對方為什麼無法多給那區區兩萬，因為我只看到自己的價值，不懂得看到對方的需求。

溫哥華冬季奧運後，我們的「燈籠森林」已經成為奧運重要的記憶，溫哥華科學館提出了要將這片裝置藝術永久的變成科學館旁的地標，為城市的奧運留下永久回憶。可惜因為我太過的自信葬送了一次歷史的奇蹟，燈籠森林最後也成為回收的廢鐵。

但是，一次次的失敗、卻激起我更大的好奇心；因為我看到的是更多的可能，把目標往上拉，不讓失敗的記憶阻擋了我的視野。我很喜歡職業美式足球，更喜歡聽教練球員的故事。對大部分球員而言，如果贏得冠軍是唯一目標，那他們的職業生涯都是失敗的。我的女兒是個芭蕾舞者，她曾經跟我說，舞台上的主角只有一個，不專業的配角卻會讓再好的主角失色。活動沒有絕對的好，但是可以有不一樣的好，就像球員在球場上的每一個機會，都可能是讓人歎為觀止的，而它可以跟冠軍無關；就像舞台上最精彩的故事，可能是一個小小的配角用她的專業維持了這場秀的完美。

我很早就告訴自己，這份工作是的初衷是「把人帶在一起」，大人物小人物，貴賓或工作人員、表演者或義工，我都希望因為活動的聚集，而發現了新的想像、感受到不同的溫暖，帶走了未曾有的思維，即便不在現場的朋友也都可以有美好的感動。二〇二一年多倫多台灣文化節的交響樂團原本高高興興的要把已經要進入第九年的樂團帶進去多倫多的 **Roy Thomson Hall** 錄音，卻因為當地音樂家工會的「不准演出」的通知差點讓我們取消演出，但也在大部分非台裔成員的音樂家堅持下，我們發現了這不再是一場音樂會、藝術節。我們這群人已經是一個大家庭了。

來到異鄉讓我更能瞭解台灣

對一個十五歲離開台灣的人，加拿大讓我學會了看待自己的根，也讓我更有自信的去當自己。我在懵懵懂懂、莽莽撞撞的時候離開了台灣，台灣曾經對我而言只是我出生及童年成長的地方。文化認同與身分認同是我年少成長過程中不會出現的話題。跟許多人一樣，我曾經幾乎毫無疑問的接受了所有我被教或告知的台灣。有人說我被洗腦了，有人說我不會獨立思考，一直到今天我都還是會拿這些問題來挑戰我自己。我一直告訴自己：「我知道、我不知道。」因為這樣，我也產生了許許多多的問題。

在加拿大的社會中，主流與非主流的社區一直都有很強烈的差異性的。對一個台灣的移民而言，許多人突然間從自己原居地的主流變成了移民地上的少數族群，有很多的價值觀也跟著改變。一路走來，我們到底遺忘了多少在身邊的少數，只有當自己也被當成少數的時候心中才開始了解那種辛酸；當我們要努力的去跟別人說我是誰的時候，才豁然的知道原來自己能說的這麼有限；當社會一再將刻板套用於對我的詮釋時，才開始發現自己身上也存在著許多刻板的枷鎖。

我從一個對台灣認識非常淺薄的小移民，到一個以藝術節的模式說台灣故事的主事者，如今台灣之於我已不再是一個標籤，她已經轉換成一種精神、一種理念，而我希望有朝一日她會成為一種流行。這些轉換，我不清楚如果沒有離開台灣會有同樣的感受，我真心的覺得是加拿大讓我開始懂了台灣。

談文化輸出

任何國家都做文化輸出，希望自己的文化可以成為世界的流行。我也曾是簡單的以為我喜歡的流行應該大家都會喜歡。但是，當一份工作要準備做一輩子後，我們可能才會碰到夠多的挫折與失敗，才開始會學習要找方法解決。過去二十多年來，我從一個以金錢與時間贊助為活動付出的義工，到今天我需要以理念與熱情去尋找支持的人；我只能更謙卑的看待自己能夠給別人什麼？為什麼人家要支持我？

其實道理不難懂，但是答案總是經過了一次又一次的修正，才可以理出一個脈絡。這本書給我了一個機會，讓我能整理清楚我對文化輸出的論述。或許再過個幾年，我可能會有更合適的詮釋；過去的想法只能參考，未來的可能只能想像，任何論述都要與時俱進。

三十歲出頭的我，我把我對台灣的印象都搬上了舞台；我認為只要是加拿大人很少看到的，就會很吸睛；台灣人喜歡吃的，加拿大就應該喜歡；台灣流行的音樂，加拿大就會流行。這些問題我開始的幾年每年都問自己，也真的來了很多朝聖的人，尤其是已經對台灣熟悉或不陌生的人。但有了這樣的規模後，我又開始問自己，那沒有來的人他們想要什麼？這不也是我們最需要拓展的區塊嗎？這本書其實就是紀錄了思維的轉換，活動的核心理念的調整。

如果文化輸出涵蓋了四個策略的面向，「流行趨勢」、「普世價值」是我們最容易著墨的，談自己的流行文化、喊普世價值的口號，希望觀眾就會一湧而入。不過這些來的人是否真的認識了台灣或在意台灣呢？這個程度的深淺值得讓主事者去思考，畢竟有多少人會為了台灣美食、雞排珍奶而去捍衛台灣的價值，又有多少人會因為台灣是民主國家就愛上台灣呢？另兩個面向，「人民情感」與「國家利益」，可能都不是簡單的把自己喜歡看的或吃的節目搬上舞台而已。一個讓當地人民有感的活動，一個符合當地國家利益的活動，是很難不受到當地政府與人民的支持。如果這本書可以總結出一個文化輸出的方程式的話，我會建議從「國家利益」及「人民情感」出發，再連結台灣與世界共有的「普世價值」，最後才套入台灣的「流行趨勢」，這與過去普遍是只想把台灣的流行文化介紹出去是截然不同的。

隨著活動規模的改變、接觸範圍的擴大，我越來越在乎「台灣」這個名詞。有許多時候，她的重要性遠遠勝過我們的組織、活動或是任何個人的名字。身為一個為她講故事的人，我希望因為我的行為而讓她更被喜歡與重視，而不是我個人被喜歡及重視。我很在意她如何被看待與詮釋，所以我都不斷地會問我自己，有沒有任何我做的事情會傷害她。二〇二一年加拿大台灣同鄉會頒了「二〇二一年傑出台裔加拿大人」的獎給我，台灣與加拿大這兩個名詞都跟我個人連上了，但這從不是我期待的，因為任何的榮譽對我而言都沒有比「台灣」或是「加拿大」更重要。相對的，台灣或是加拿大不會因為一個人而偉大，但是他們很容易因為一個人的私心與隨便而受到傷害。

加拿大教會我的事

雖然這本書名字是《台灣，世界的答案》，但是讓我找到這個答案的地方是我的第二個故鄉——加拿大。跟許多移民一樣，我移民加拿大一開始不是因為她的好，而是她給了我很多的方便。真正在加拿大深耕後，我才認識加拿大這個國家的好。除了有著好山好水好空氣，她不但給了最舒適的生活條件，我覺得她真正的優點是給每一個人很多的空間。她的過去不完美，但是大部份的人民願意共同的去面對過去的錯。加拿大引以為傲的多元文化，是一種對人性崇高的理想，但是也允許更多的想像。在這個國度裡，我常常見識到的是多數人去捍衛少數人的利益；我更常聽到的是，我們不可以逼著別人跟我一樣，我們要懂得保護不一樣文化的資產。

就在這裡，我開始懂得如何看待身邊的不同，開始好奇台灣文化裡的不同。也是在這裡，我發現了世界就在台灣，但是台灣人還一直再找世界。在加拿大，我不是一個喜歡交際應酬的人，但是我有好多重要的精神導師，是他們讓我懂得重新看待自己的價值，也重新認識了台灣。

要感謝的人

賈伯斯的生母在大學時代未婚生他，卻一心一意的要他能夠上大學。我的父母親學歷不高，卻有著驚人的膽識，帶著我們移民北美。但也因為他們只能給我們生活上的照顧，也讓我人生的走向有全部的自由。許多人移民是為了要給孩子更好的環境，我的父母親給我的是幾乎無限制的空間。

這個世界上，我最對不起我的家人，尤其是我的太太與孩子。我女兒兩歲後，我們家就幾乎沒有一起過暑假；兒子出生的時候，照顧他幾乎是太太的工作。不過，這份工作最大的收穫是，我也學會了陪伴孩子的成長，不幫他們長大，珍惜太太給我的空間，不用傳統的方式衡量自己的老公。如果有人問我母親，她可能都說不清楚我的工作是什麼，但是這不重要，因為我知道我的工作也開啟了我重新看待與母親之間的關係。如果說我很幸福，因為有著支持的家人，包含我的姊姊、弟弟、岳父母、Jennifer、Bernard，因為他們的包容與幫助，我真的沒有後顧之憂。

我身邊有一群長輩，把我當成他們自己孩子一般的長輩。帶我進入溫哥華台灣社團的張邦良博士與梁壽美夫婦、永遠對我予以鼓勵支持的楊正昭醫師、讓人敬仰的許建立老師、多元思考的周洪才會計師、溫暖熱心的郭順蓮女士，加上一位十一歲就跟著媽媽當義工，目前是年輕執業律師的王傑生，他們每一個人都與台加文化協會有著重要的淵源，多年來對我的信任與支持，沒有任何情感的綁架，讓我可以當自己，更陪我一起面對失敗與挫折。

另外，張理瑲女士與她丈夫潘立中先生更是讓我學到正向思考如何帶給生命的力量；我跟許多人一樣稱呼張女士姑婆，因為有求必應是讓我近年來敢夢敢想的基礎。這些人從沒有需要舞台的光環，更多時候他們都是無名英雄。我總是喜歡跟他們一起開會，因為我真的很高興他們願意聆聽我的計畫，不是一次一小時的會議，而時常是三四個小時。記得有幾次我受到了一些謠言的攻擊時，他們都迫不及待的替我打抱不平，希望替我澄清。為了我，他們跟自己的多年好友也都有了隔閡。也是因為他們的疼惜，我開始認知到我的年少輕狂，更開始知道要謙卑；我開始懂得道歉了，不再願意因為我而傷害了支持我的人。

自從我們把活動從溫哥華拓展到了多倫多後，王興富先生的支持從未缺席。每次到了多倫多，我們都可以聊上個幾個小時，在他身上我看到了什麼是情義與大氣。他自己絕對是過著簡樸的生活，但對後輩的提攜毫不手軟。「我支持的是團隊，不是活動」，所以他從沒有在意過任何的名，只在意這個團隊是否能夠維持運作。有一天，我跟他提了一個重要的計畫，他在越洋電話的另一頭說，「你盡管去做，錢不用擔心。」面對這樣的支持，我當然要更努力為我們共同的目標奮鬥。這些長輩們的典範讓我期許我自己要用一樣的心態幫助我身邊的年輕人。我在這裡沒有提出他們的名號，因為我知道這是他們的心意。我仍然衷心的要感謝他們。

記得我剛剛開始加入台灣社團不久，心中就覺得活動如果要更好，我們需要有專職的工作人員。這個構想需要的也是財務上的支持，而第一個願意跟我一起承擔的也是張福源張大哥。早期需要在台灣四處拜會開會時，一個大老闆把自己當成司機的四處陪伴著我們。多少次，我們要在台灣招募的資源與作品，都是仰賴他才能完成任務。至今，他在台灣幾乎是全心投入慈善事業，更是提供了我們台灣工作人員無價的資源。他也把他的好朋友張德仁先生帶進來支持我們，而張德仁先生也都是默默地給予我們力量。

除了在加拿大的民間力量，我們也獲得兩國政府的不少支持。值得一提的是，台灣也有幾位重要的支持者，周宗武先生及他的好友張純明董事長，他們長年的默默支持也是我們成長的一環。還有更多人的支持，僅讓我以無名氏的名義在此感謝，我會另外致謝。

我們的團隊與夥伴

幾次在活動中，看到了以前的團隊成員帶著孩子回來參加活動，心中總是百感交集。許多人都把他們的青春歲月給了這個組織，活動或許型態與理念有了轉換，但是核心價值未曾改變。二十多年的歲月，團隊成員的變化也數不清。對於曾經在這個團隊付出過的每一個人，請容許我在這裡感謝你們的努力。我或許不是最好的主管或是榜樣，也謝謝你們的包容。

目前團隊大多數的成員可能對近年來的活動發展最為熟悉，幾乎每一位的加入與付出都圍繞著這個團隊的核心價值。曾經有位成員說，這份工作是一種生活方式，你必須喜歡這樣的生活。看著他們一再的挑戰自己、尋求突破，而當他們需要面對身邊一些不理解的力量時，我經常比他們還要難受。在這些成員中，除了我之外，最資深的宋浩芬在移民加拿大後的第一份工作就是跟著這個團隊。從為活動設計DVD的封面開始，一次的海報設計開始了一段我們活動視覺的革命。也因為如此開始了她成為團隊無法取代的核心人物。我也要感謝在台灣的同事盧妍君、楊儒鴻、蘇冠誌、鄭宛純、江瑩青及在加拿大的同事姚淑華（Diana）、Michael Lin、Shirley Zhao、Michelle Wu及Emily Chen。也容許我在此謝謝他們的家人，感謝他們的體諒與支持。

本書的寫作團隊

在我接手之前，加拿大台灣文化節已經是無數位的前輩所留下來的公共財。一路走來，有許許多多的藝術家、團隊、組織與義工們，都功勞不斐。特別感謝八旗願意出版我們的經驗，真心希望對台灣思考未來能夠提供一點意見。這些日子與蘊之、楷君及家軒的相處，更清楚的讓我對台灣的未來有信心。在世界各地的台灣人，有不少人都提出對台灣未來的想像；不過，我衷心的認為台灣的未來可以在像蘊之、楷君及家軒這代人身上決定。因為一個願意聆聽與反思的世代，一群為理念與理想努力的人就是最好翻轉台灣的一個契機。謝謝你們的努力，你們都是我終生的夥伴。

這本書能夠得到前文化部長鄭麗君的推薦是一件很愉快的事情，就好像學生得到老師的肯定，也像漂泊的船隻終於看到了岸上的燈塔。我也要感謝另一位一直陪伴我的老師，推薦人《喬治亞海峽週報》的史密斯總編輯，是他讓我認識加拿大人的真誠。在陳立栢董事長身上我似乎看到他阿公陳澄波對台灣的期待與想像，他的推薦對年輕世代的我們而言就是努力的一棒接一棒。二十多年來，無論是最早要我出書記錄的吳錦發老師，還是冬季奧運時期不可或缺的推手林正儀故宮前院長及藝術節的柯爾藝術總監，或者是曾經參與過台灣文化節義工的「口譯哥」趙怡翔，還有讓人熱血沸騰的台語樂團拍謝少年，能夠與他們共事多年後還得到他們的認同，心情是澎拜的。最後，幾位讓我敬重的人物，溫哥華市長斯圖亞特、童子賢董事長、賴其萬醫師、沈榮欽教授及廖雲章總監願意推薦與掛名，對我而言更是一種崇高的榮耀。在此容許我由衷的謝謝每一位的支持與肯定。

未來的路

曾經有一次在台灣分享在加拿大的經驗，有人對我說：「你說的都很有道理，很吸引人，重點是怎麼做？」

我有幾次去參加在美國舉辦的有關爭取贊助的大型論壇會議，一開始我也是覺得很有道理，懂了！但是要把這些理念落實到實際的活動或思考中，其實都一直無法到位。一次會議的主軸為我們的領域訂下方向，給了四個字去檢驗我們的計畫，它們是：「敢於創新」（Bold）、「改變現狀」（Disruptive）、「意義探索」（Deep）與「用心良善」（Good）。而之後我們也積極的用這四個字思考，同時賦予自己一個任務：「解決問題」，即希望文化藝術的力量可以為社會解決問題。問題的面向可以很廣，觀念上的、公平正義的、產業的，甚至醫療上的。

未來的世界其實更要回到大自然的共生法則，單打獨鬥永遠無法勝過眾人的力量。台灣社會一直都有股保守的力量，但是也充滿著對改變的期待。我自己在海外看到不少大品牌的進步思維，心中總是想著台灣有哪些企業可以啟動台灣新的力量？

在加拿大的移民社會裡，多元文化是國家政策，但是也不代表人民都真正的認識多元文化。多元文化中的基本是「尊重」（Respect）與「包容」（Acceptance），但是人民抵達加拿大的先後順序及文化背景不同，對這兩個基本價值的立場與解讀也有不同。有時候我們天真的以為多元文化可以解決族群之間的對立，但是埋藏在心中的抗拒也很有可能被這個口號與政策暫時的隱藏起來而已。這個認知也讓我們極力在加拿大倡議多元文化二·〇，希望加拿大社會不分先來後到，可以開始思考如何創造我們共同的未來。透過這本書上可以讓大家看到我們的努力。

回頭答覆那些問我怎麼做的朋友：或許這本書可以成為一些借鏡，但是相信在每個領域裡也都會每個人自己熟悉的模式，我們會的就是將「共生」與「解決問題」的念頭放在所有活動設計上，讓活動成為一個平台，把共生的好，看到問題可以被解決的可能，設計在所有的活動中。在這個前提下，希望這本書可以找到更多認同的夥伴，大家一起努力來改變我們的社會。在台灣，我們也啟動了一些活動，試著建立新的平台，把加拿大的經驗運用在台灣。這些活動都才剛剛起步，我們也戰戰兢兢的去經營，或許未來還有很多起伏，但是只有實踐才能夠改變。

序章

初心

——不能只是「被看到」，台灣要「被需要」

「台灣的多元文化可以成為國際上『看見亞洲』的窗口，這就是台灣的機會與重要性。」在溫哥華冬奧藝術節的籌備會議中，「加拿大台灣文化節」（TAIWANfest）的執行總監吳權益，突然領悟到這件事。

吳權益是加拿大台僑社群的意見領袖之一，講話很快，思緒更快。他的腦中永遠盤旋著無數點子，每個點子都指向同一個核心關懷：「如何讓台灣成為世界不可或缺的好夥伴？」自一九九九年加入台灣文化節策展團隊，他與團隊成員猶如一體，在台灣、加拿大之間頻繁往返，透過策劃各種文化交流與表演活動，將台灣的精神與故事揉捻成繩，連結形形色色的題材與人物，織成一張不斷擴大的友誼之網。

這張網在漫長的三十年中逐步厚實，進而形成一座跨族群、跨文化的自由平台，讓世界不同族裔、議題都能透過這個平台擴大、發酵；同時也讓「台灣」不再只是亞洲大陸邊陲的一座蕞爾小島，使台灣的「文化力」突破疆域與國際情勢的限制，並積極建立「台灣模式」，讓自身的成功與失敗經驗，都能成為世界引以為鑒的範例。

二〇一〇年的溫哥華冬季奧運是一座分水嶺，讓台灣文化節從僑界的社群活動，一躍成為加拿大夏季跨族裔的重要節慶。對策展團隊而言，冬奧藝術節的經驗並不是「成就」，只是起點。這三十年來「摸著石頭過河」的歷程，有光榮時刻，更多的是跌跌撞撞。吳權益受訪時誠實表達了自己的看法：「我們不是最棒的，但我們嘗試過、思考過的這些事情，也許可以讓其他人突破迷障，省掉重複錯誤的冤枉路。」這段充滿艱辛與挫敗的歷程，折射了海外台裔社群的困境，也提供了一些另闢蹊徑的經驗與思考。

台灣文化登上世界舞台

二〇一〇年，第二十一屆冬季奧運會在加拿大溫哥華舉行。作為全球矚目的運動賽事，世界各地的選手、觀眾、觀光客和媒體，都會在此時湧入舉辦地點，除了運動員個個摩拳擦掌，環繞賽事的所有環節，舉凡場館、動線設計、識別系統、文化展演，都是「城市行銷戰」的魔王級考驗，聚焦效益所向披靡，是全球各大企業眼中「品牌戰」的終極戰場。

自從溫哥華在二〇〇二年申請主辦二〇一〇冬季奧運，整個加拿大藝文界便蓄勢待發，希望能透過這個機會告訴世界：溫哥華擁有舉世無雙的文化，也擁有頂尖的藝文人才。為了展現城市特色，溫哥華決定以一場藝術盛宴搭配冬奧。人們議論紛紛，關注著溫哥華將如何訴說自己的文化故事？在台灣社群內部，則自問：「我們的機會在哪裡？」

問題來了，溫哥華的族群組成十分複雜，亞裔族群在溫哥華數量龐大，勢必要在藝術節中凸顯出亞裔文化的精采之處。然而，要呈現亞裔的什麼？如何呈現？於是，冬奧藝術節的策展團隊找上了吳權益，邀請他與台灣文化節策展團隊一起合作，希望讓藝術節的面向更為豐富完整。

台灣文化節原是台灣僑民的社群活動，憑什麼讓冬奧藝術節注意到，並主動邀請合作？僅僅只是因為我們黑頭髮、黃皮膚的「亞裔」的身分嗎？溫哥華的其他亞裔族群，難道沒有策展能力與之抗衡？

答案很簡單，也很複雜。對冬奧藝術節而言，「亞裔」是主因，其次是台灣文化節的策展口碑與經驗。二〇〇一至二〇〇五年間，台灣文化節由最初五千多人參與的活動，擴大至六萬人；並連續六年榮獲ＣＥＩＡ（加拿大藝文活動事業協會獎，Canadian Event Industry Award）最佳文化活動獎，成為溫哥華具有代表性的重大文化活動之一。

而真正支持台灣文化節策展團隊撐過冬奧試煉的，是不懼艱難、勇於與各界連結的創新思維，以及成功在多倫多湖濱中心（Harbourfront Center）站穩腳步的經驗。

「我們的團隊沒有SOP。」這句話是策展團隊的口頭禪。年復一年地挑戰未知，不斷嘗試與陌生的合作單位接洽，找出締造連結的可能性，是台灣文化節的策展DNA。

超過三十年的孕育與蛻變

每個在異國他鄉生活的族群，都擁有自身的文化習慣、價值觀和經濟生態圈，透過社群活動，締結聯繫彼此的紐帶，構築支持網絡。這個網絡除了提供實質上的生存支持，也營造歸屬感。一九七五年，在台灣曾在成功高中、台北醫學院（後來的台北醫學大學）教英文的陳銘德老先生移民到溫哥華。他有感於當時的台灣移民生活相對隔閡、孤單，要融入加拿大社會並不容易，於是便與其他長老教會的信徒一起合作創立了溫哥華東寧書院（Vancouver Formosa Academy）。它是一所私立中學，旨在協助台灣移民子女加強語言及文化學習。

自一九九〇年起，陳德銘先生的女兒陳慧中與時任師範大學音樂系教授的陳郁秀女士聯手發起舉辦「台灣作曲家之夜音樂會」，將台灣的古典音樂作曲家介紹給海外同胞，成為「台灣文化節」的先聲。陳慧中在台灣時曾任聖心女中音樂教師與關渡基督書院聲樂教師，與台灣的古典音樂界關係深厚。陳郁秀出身音樂世家，後來曾擔任文建會主委，推廣音樂教育不遺餘力。在她們的影響下，古典音樂會至今依然是台灣文化節開、閉幕的重頭戲，由加拿大台裔主持的交響樂團擔綱，演出含有台灣元素的曲目。

一九九八年，長期擔任台加文化協會志工、為人急公好義的許建立老師接手擔任活動的總策劃。許老師退休前在溫哥華社區學院擔任英語教職三十餘年，長期義務輔導台灣移民學習英語、適應當地生活，極受台裔社群敬重。他的策劃理念把重心放在「台灣文化」之上，首次以客家文化、台灣工藝為主題，策劃的單元包括展覽、美食，觸及的面向更廣，也更生活化。隔年，行銷出身、擅長辦活動的吳權益被延攬加入台灣文化節策展團隊，與台灣文化節一起展開「蛻變」之路，不只是擴大規模，年輕的設計團隊更引入嶄新的策展概念，從策展論述到視覺系統都脫胎換骨。雖然社團內有些長輩難以理解，但策展團隊勇於嘗試新路線的行事原則，讓台灣文化節得以不斷自我突破，逐步成為溫哥華、多倫多的重要文化節慶。

「蛻變」是二〇〇〇年台灣文化節的策展主題，這兩個字也預示了之後二十年的奮鬥歷程。台灣文化節起初是一個在城市邊陲舉行、主要為台灣社群服務的活動，吳權益的加入，率領團隊突破台裔移民社群的邊界，並將活動帶入了溫哥華市中心的商業區（downtown core）封街舉行。為了籌募資金、爭取贊助，吳權益的首要目標是吸引大量人潮，以類似嘉年華、廟會的形式，在開放空間中讓更多人參與。人潮的匯聚數量可以博得企業和組織的贊助，也可以吸引更多重要媒體報導，二〇〇七年邀請台灣當紅樂團五月天赴溫哥華演出，就是一個很好的範例。來參加演唱會的觀眾約有兩千人，為防範人潮暴湧發生公安意外，市政府加強了現場的警備，並實施安全檢查，使入場觀眾大排長龍。當時的文化建設委員會（文化部的前身，簡稱文建會）主委翁金珠到溫哥華參訪時，看到僑胞在海外舉辦的活動竟能吸引這麼多參與者，讓她印象深刻。對於後續爭取文建會的資助與人脈連結，這個印象很有說服力。

一方面積極擴充在溫哥華的舉辦規模與在地影響力，另一方面，台灣文化節也努力拓展與其他城市的合作關係。二〇〇三年，吳權益突發奇想：「反正演出團隊都已經從台灣邀來了，不如多巡演一個城市吧？當時多倫多的台灣社群正在舉辦台灣嘉年華，便安排了一些節目過去多倫多演出。」這次的合作讓多倫多與溫哥華的台灣社群締造了良好連結，隔年，便將活動安排在多倫多的湖濱中心（Harbourfront Centre）。

湖濱中心是多倫多的藝文聖殿，每年約有至少四千場藝文活動在此舉行。溫哥華台灣文化節的盛名與組織能力，讓湖濱中心樂於為台灣社群敞開大門，歡迎台灣文化節在此固定舉行。

然而，在湖濱中心舉辦活動的成本很高，不只是策展專業得面臨嚴峻考驗，龐大的財務壓力，更是令許多團隊卻步的主因。但二〇〇五年的合作過程中，台灣文化節秉持開放的態度、邀請本地社團和贊助者參與的做法，展現在表演藝術、視覺藝術、電影、文學、廚藝等領域，讓湖濱中心十分激賞，主動邀請台灣文化節於隔年續辦，並願意提供許多資源支持。一直到二〇一九年，台灣文化節都是湖濱中心的夏季重大活動之一（二〇二〇年起因應COVID-19的防治措施，轉以線上型態進行）。

多倫多湖濱中心的經驗，成為台灣文化節挑戰奧運藝術節的基石。策展團隊積極尋求突破、樂於與不同族群溝通協調的特質，讓他們得以扛住冬奧藝術節的挑戰，並在籌備冬奧的過程中徹底轉換體質，以「加拿大亞裔活動協會」（Asian-Canadian Special Events

Association，簡稱ACSEA）作為專職策展的組織，逐步開啟日後「與亞洲對話」的新篇章。

從一場古典音樂會開始，台灣社群所打造的「加拿大台灣文化節」，走到今日，已是溫哥華與多倫多代表性的夏季盛事，連結台加二國的原住民、香港、日本、越南、菲律賓、韓國等多元族裔，並串連當地的義工、社會企業與社區團體，聆聽彼此的故事，一同向世界發聲。

「後面這十年，台灣文化節試著去建立一個台灣文化的新論述，是『台灣人也不習慣看到的台灣文化』，它甚至可以為加拿大的多元文化找到一個更好的未來。」吳權益表示：「我們一直在思考，台灣文化節的持續舉辦，到底對這個社會有什麼影響？台灣近年來一直在強調族群共榮，提倡多元文化，這一點與加拿大的多元文化價值其實是共通的。我們可以用『多元文化』作為台灣的立足點，發揮台灣的影響力。」

在「台灣之光」外，尋找更大的連結

能被加拿大各界認可，台灣文化節靠的並不是台灣人都很熟悉的「台灣之光」，而是抓出當地民眾關心的議題，透過策展，匯聚各界藝術家和文化人士彼此交流，再站上舞台，一起向世界「說故事」。

早期為了吸引人潮，策展團隊曾邀請過不少台灣名人來參與台灣文化節，前述的五月天即是一例。這麼做雖然可以在台灣或華語社群引起熱潮，但對其他族裔而言，若沒有更多連結，台灣的名人對他們而言沒有意義。是不是「台灣之光」，當地民眾根本不在乎。人們在乎的是：你要說的事情跟我有什麼關係？我會不會有共鳴？要突破文化隔閡，共同的議題與生命經驗比名氣更重要。

台灣的國際空間長期受到打壓，人民十分渴望得到國際社會的認同，讓台灣的好名聲被更多人聽見，只要是台灣人，都了解這種尋求國際肯定的心情；對於海外僑胞來說，這些優秀人士更是讓他們引以為傲的慰藉。

加拿大的台灣社群也曾執著於「台灣之光」。然而，這種執著是希望透過「台灣之光」一向國際傳遞什麼訊息？告訴世界台灣好優秀？台灣高人一等？台灣好棒棒，跟他們有什麼關係？吹捧這些「台灣之光」，真的能讓人記住台灣嗎？

吳權益回憶，有次在紐約看棒球，看到王建民披著洋基戰袍上場，身旁洋基球迷的情緒非常激動，詳細記錄王建民所投出的每一球。他發現球迷在意的是王建民本人的表現，而不是「台灣球員」。當王建民離開大聯盟，台灣之光的光環也隨之黯淡。「今天你把台灣的榮耀整個押注在王建民身上，那如果沒有下一個王建民的時候，台灣在哪裡？」

台灣不只是「優秀」，而是「善」

仰賴這些轉瞬即滅的「台灣之光」，台灣沒有辦法發揮持久的影響力。能人各地皆有，如果無法替這些人物添加故事和文化意涵，即便這些名人在短暫的議題效應下能讓「台灣」二字大量曝光，卻無法讓人長久記住他們背後的台灣價值。

於是，台灣文化節開始邀請一些不一定大名鼎鼎、但擁有動人故事或獨特觀點的人來談台灣，包括獨立音樂人（滅火器、生祥樂隊等）、小型的藝文團體與創作者（青葉魯凱歌謠兒童合唱團、越南飲食文化推廣者小夏天等）、文字工作者（Asuka、張鐵志）、新住民（阮秋姮、馬力歐等）、小農（坪林的綠光農園、雲林的萬豐醬油）等等。「想讓他們的故事，變成能讓大家同情共感的事物。」這樣的做法需要花費更多時間和心力，但如此認真看待、詮釋、表達自己的文化，才是真正的長遠之計。他們想訴說的不只是台灣有多好，而是透過分享經驗和價值，讓台灣「有益」於世，作為世界的借鏡，帶來新的啟發。

台灣擁有豐富多樣的文化面向與人才儲備，足以和世界連結、交流。經歷殖民和威權統治，從封閉到開放，海納百川的移民、蛻變為民主國家的歷史、社會運動和言論自由百花齊放，在分享自身經驗的同時，更能從中聆聽來自東亞各個族裔的心聲，進而為彼此創造發聲的機會。當台灣能夠提出上述價值，就能更加深化與世界的關係、被世界需要，進而與世界密不可分，共同抵禦排拒台灣的力量。

從「棋子」變成「棋手」，用文化發揮影響力

台灣在國際上居於弱勢，往往淪為大國角力下的一枚棋子。政治上，台灣的確很難擺脫這樣的處境，若能從其他層面著手，或許可以找到出路。其中，具備獨立思辨能力的藝文人士較不受政治利益影響，忠於自己的信念與核心價值，正是這條路上最好的夥伴。

「或許台灣藝文界發聲的力量沒有那麼強大，可是在其他國家，整體社會對藝術文化的接受度是很高的。既然藝文人士的發言相對有力量，我們是不是可以把一些議題跟這些藝文界的人結合，讓他們來發聲？」有了這樣的概念後，吳權益就像打通任督二脈，思考與視野大為拓展，看見許多發揮的空間和可能性。

舉例來說，台灣極具批判力的樂團「拍謝少年」支持香港自由與反送中不遺餘力，二〇一九年受邀至台灣文化節演出時，即在舞台上透過表演傳達理念。吳權益則鼓勵他們在接受加拿大主流媒體訪問時，多發表相關倡議，聚集溫哥華和多倫多支持香港社會運動的聲音。藝術家能做的不只是創作，更要透過藝術的力量，去凝聚和倡導他們所在意的價值，進而解決社會的困難，讓文化成為解決問題的取徑。「即便我一開始可能只是顆棋

子，但我不應該只是一個被安排的節目，而是利用那個節目去提出倡議，變成棋手。」

世事如棋，每個人都可以運用創意、機會與自身的資源，將看似死局的一盤棋，下出一條活路。台灣文化節正在這條路上，台灣，也在這條路上。

台灣的經驗或模式，可以作為其他族群或國家的參考，面臨類似的困境時，看看台灣如何應對。「讓台灣成為世界的答案」是思路，是現在進行式，包含著無限的可能。本書記載的故事也都是「現在進行式」，策展團隊一路走來遇見的各種人、事、物，都帶給策展團隊豐富的啟發與反思。其中有許多人都樂於讓自身的經驗「成為世界的答案」，這個答案不能用「失敗」或「成功」來論定，因為，所有的經驗都是過程，所有的反省都是起點。

「成為世界的答案」，讓我們帶著台灣跳出框架，開創新局。

第一章

溫哥華冬季奧運給台灣上了一課

冬季的溫哥華，因為緯度高，下午四點多已籠罩在一片夜色之中。漫長的黑暗、零下十度的寒冷，人們渴望溫暖的光亮。不只是陽光，能在夜幕中看見點點燈光，都能因此獲得鼓舞與力量。冬季奧運的氣氛，亦仰賴火焰、仰賴燈光，點亮奧運的火炬，點亮每一個參與者興奮的面龐，點亮心中的盼望。

二〇一〇年的冬季奧運，以「發光的心」（With Glowing Hearts）為主題，於冰雪重重的二月天，在溫哥華盛大展開。競爭冬奧主辦權，本身就是一場需要全體市民齊心協力的馬拉松，自一九九八年的國內候選城市投票起算，這場競爭激烈的馬拉松，跑了整整十二年。二〇〇三年二月的溫哥華公投中，當地居民展現了競逐冬奧主辦權的強烈決心。這場公民投票在溫哥華締造了歷史紀錄，不但是參與人數最多的一場（佔合格選民的百分之四十六），近十三萬五千人；以百分之六十四的高得票率喊出了「ＹＥＳ」，也是溫哥華競逐冬奧的有力條件。同年七月，國際奧委會在布拉格展開對溫哥華、平昌和薩爾茲堡的冬奧主辦權展開投票，溫哥華勝出。

奧林匹克運動會不只是競技場上的比賽，而是體育、文化和教育的結合。《奧林匹克憲章》明確規範了「奧委會應組織文化活動，該項目必須至少涵蓋整個選手村的開放期間」，自一九五二年赫爾辛基奧運開始，文化展演成為奧運的一部分；一九九二年的巴塞隆納奧運中，正式將奧運期間的文化展演定調為「奧運藝術節」（Cultural Olympiad，或稱「文化奧林匹克」），包括從開幕式到閉幕式所有的文化活動，以此彰顯主辦國的國力與價值觀。這是一場規模浩大的城市行銷，必須投入整個國家的資源進行城市改造。硬體部分包括城市空間與機能的重新規劃、場館設置、交通動線與指引系統、景觀設計；軟體部分則涵蓋了與「人」有關的一切，整合當地居民的力量，配合賽事活動，以展現城市特色，包括展演、食衣住行，與「生活所需」相關的服務都包含在內，當然，也包括所有與賽事相關的經濟活動。在品牌行銷領域，奧運是一個大舞台，如何在這座舞台上爭取觀者的注意力，考驗著每個行銷人的創意，也考驗企業的眼光與格局。

在體育競賽之外，溫哥華冬季奧運藝術節的籌備活動也如火如荼地展開了。它將成為台灣被世人看見的亮麗舞台。

台灣有資格嗎？

森林蓊鬱、景致壯麗的加拿大，以地廣人稀、社會福利制度完善著稱。它擁有全球第二大的國土面積，總人口數卻只有三千七百萬人左右，排名世界第三十七。加拿大的原住民僅佔總人口數的百分之三點八左右，其他族裔都是外來人口。約在一九八〇年代，來自台灣的留學生與就業人口開始大量移入，主要聚居在溫哥華、多倫多等都會區，成為加拿大多元文化的一環。

根據二〇一六年的人口普查，以首府溫哥華為例，即有百分之五十一點六為外來的少數族裔，百分之二點二為原住民，其中有百分之六十二點七的出生地為海外，相當於每一百人中就有六十二人是海外移民。來自台灣、港澳、中國和其他國家的華語社群，佔少數族裔人口數的五分之一，為當時人口佔比最多的「少數」；而二〇一五年中華民國僑委會的統計資料顯示，加拿大的華語社群約有一百五十八萬人，台灣移民約十七萬三千人，佔華語社群一成左右。

加拿大原住民簡介

加拿大原住民近一百七十萬人，約佔總人口數的4.9%，包含第一民族（First Nations）、梅蒂人（Métis）和因紐特人（Inuits）三大類族群。

第一民族指的是生活在林木線以南的原住民族，佔加拿大原住民人口的六成，經政府認可的第一民族自治政府或社群（band）共有六百多個；梅蒂人是指十七世紀中葉以降，原住民族和歐洲人（多為法裔）混血的後代，主要分布於加拿大中南部的省分；因紐特人則是生活在加拿大、阿拉斯加和格陵蘭等極圈內的一支原住民族，曾被外族帶貶義地稱為「愛斯基摩人」（Eskimo），但「因紐特」才是他們的自稱，意為「真正的人」。

第一民族自治政府是由原住民社群和加拿大聯邦政府協商後成立，因此擁有的自治權限不一，不過皆設有民族議會（band council）和首領（chief），多數為民選產生，但也有少數自治政府根據該族傳統採用世襲制。自治政府負責管轄加拿大三千一百個原住民保留區，但也能代表不住在保留區內的原住民。

因紐特人的自治區則是1999年設立、位於東北部的努納福特地區（Nunavut），境內超過八成人口都是因紐特人，是因紐特人向聯邦政府爭取超過二十年的運動成果，也是加拿大最晚設立的一級行政區。

加拿大的原住民族曾因同化政策而造成文化流失，19至20世紀的寄宿學校制度危害甚深。為此，加拿大政府設立真相與和解委員會，並於2015年提出歷史調查報告，反省過去迫害原住民族的種種舉措。

同時委員會也提出94項具體的行動呼籲，其中分為處理歷史遺緒與和解兩大部分，包括兒童福利、語言和文化、司法正義等方面的補償措施，以及成立全國和解議會、歷史教育等和解措施。（原住民族委員會中譯版：https://alilin.apc.gov.tw/files/ebook/7104371555f17b7b2ae853/print.pdf）

如果看數字會頭暈，可以將溫哥華想像成一間五十人的教室，有一半的學生是「少數族裔」，這些同學包括五位華裔、三位南亞裔、三位菲律賓裔、三位來自東南亞其他國家，其餘為拉丁美洲、日本、南韓、西亞、非裔、阿拉伯等。另外一半是歐洲移民，加拿大原住民只有一位。

華語社群是「少數族裔」中最數量最龐大的一群人，其中台裔社群的人數佔比並不高。加拿大的台灣移民大約可分成四個階段：第一批是一九五〇年代初，為躲避政治迫害而前往北美的留學生；第二批是一九八〇年之後，台灣治安混亂、孩童綁架案頻傳，為了給孩子安全的成長環境而移民；第三批是一九九六年台灣海峽飛彈危機，擔憂兩岸開戰；第四批則是經濟移民，為了經商移居加拿大。

但由於加拿大以「多元價值」作為立國基礎，每一個社群的聲音都會受到同等的重視。冬奧藝術節籌辦之初，呈現溫哥華「多元文化」的目標已很明確，必須讓不同族裔的社群都參與其中，而擔任台灣文化節總策劃的吳權益，則以台裔社群代表的身分接受諮詢，協助冬奧藝術節的籌備。

「我記得我們第一次開會的時候，我幾乎是沒辦法講什麼話的。」回憶當初與冬奧藝術節開會的場景，吳權益深刻感受到彼此的經驗與認知差異：「他們在談的都是藝術領域的概念，和我們過往舉辦的活動有點落差。我也懷疑，他們討論的東西是我們能做的嗎？那個時候我沒有那麼大的信心。」

在那次的會議中，吳權益感受到，策劃藝術節，和舉辦以「台灣文化」為主題的活動，彷彿是兩個不同的領域。然而，這場會議也讓他意識到，在多元文化的論述中，有時候「文化身分比專業能力更重要」，他發現了台灣可以「被需要」。冬奧藝術節真正需要的是他的亞洲身分，他建議的節目內容是在「多元文化」的策展邏輯下被安排。符合這個策展邏輯，比那些節目是不是所謂的「台灣之光」更重要。

當時的台灣文化節在溫哥華已是頗具能見度的文化盛事，吳權益主動與文建會聯繫，討論在冬奧藝術節中安排台灣藝文團隊的參演出事宜。文建會是加拿大台灣文化節固定的支持者，可以在奧運的相關活動中露臉，這對台灣的藝文團隊來說，是個千載難逢、可以被國際看見的好機會。文建會便請吳權益居中牽線，邀請冬奧藝術節的藝術總監赴台參訪，除了聯繫加拿大藝文界原本就認識的台灣藝術家，也將其他的台灣藝文團隊介紹給對方，看看有哪些節目適合到溫哥華演出。

當阿嬤花布披上西洋古典建築

二〇〇八年，吳權益陪同冬奧藝術節總監羅伯特・柯爾（Robert Kerr）訪台，拜會了許多藝文團隊與藝術家，如雲門舞集、優人神鼓、采風樂坊、許芳宜的拉芳舞團，還參觀了在高雄舉辦的台灣燈會。與這些團隊談合作，這是過去台灣文化節不敢夢想的事情：「這是我第一次接觸台灣頂尖的藝文團隊。那時我們根本不敢邀請這種等級的團隊，猜想費用可能很貴，也擔心對方會看不上『台灣文化節』。接觸之後才知道，台灣的團隊都很希望能參與冬奧。」

羅伯特身形修長，留著一頭飄逸金髮，習慣瞇著有點迷茫的雙眼，視線縹緲，彷彿總落在藝術與美的崇高幻境之中。談起對台灣的印象，羅伯特突然睜大了雙眼，臉上洋溢著驚喜的光芒。那次的台灣之行讓他收穫豐碩，不但找到了精彩的優質節目、結交到許多好朋友，還看見了台灣藝術深厚的文化底蘊。

他們來到雲門的排練場，觀賞簡略版的經典舞作《水月》。沒有劇場燈光，也沒有佈景，由黑膠地板與日光燈組成的空間中，只有舞者純粹的身體律動和能量流轉。羅伯特回憶：「那是如此美麗、如此動人、充滿靈性！在當下我就決定：『好，我們絕對要將這個表演放進冬奧藝術節！』」

他們也來到優人神鼓在木柵老泉山的山上劇場，在山林中，近距離感受如海浪、如暴雨、如低語的擊鼓演出。「作品的力量很直接地傳遞給我們。他們揮動著用來擊鼓的大鼓槌，就近在咫尺，非常震撼！而且那裡的人是如此的溫暖、有人情味。」

而公共藝術家林明弘，特別擅長取用台灣常民生活中的符碼，透過與原生脈絡斷裂、重組、拼接的手法，重構這些符碼，使之異質化，去探索日常與非日常、雅與俗、常民與殿堂等衝突與反思。比方「台灣阿嬤大花布」的鮮豔圖像，林明弘將它搬到溫哥華美術館，但不是作為美術館中的展品，而是在美術館外部將建築物包裹起來。

溫哥華美術館的前身是舊法院大樓，本來面貌是具有希臘三角楣與柱式的當代古典主義建築，色調沉穩，予人嚴正凜然之感。當「台灣阿嬤大花布」的豔紅花朵裹住美術館的「門面」，「它真的成為了藝術節具有指標性的象徵。能擁有這個作品作為大型佈景，充滿活力，令人嘆為觀止。二月是一年中黯淡無光的時候，它為這個月分增添了許多色彩。」羅伯特在二〇二〇年台灣文化節的訪談中，給予台灣藝術極高的讚譽。

在羅伯特眼中，台灣藝術家身上兼具不可思議的兩種特質：帶著民俗或古典的傳統，同時也具有非常前瞻性的思維與視角。「作品前衛且跨世代，但深植於在地文化與民俗文化。」冬奧藝術節的合作，讓國際藝術界發覺：「我們透過冬奧藝術節認識的台灣藝術與文化，只是冰山一角。其深度、質量與能量，一直以來都是非常了不起的，世界需要更多的去了解。」

在冬奧藝術節演出的台灣藝文團隊，是台灣藝術界的頂尖之選，背後是文建會的鼎力支持，讓相對大量的台灣藝文團隊得以在冬奧藝術節中演出，可說是「傾國家之力讓台灣被看見」。台灣團隊也憑藉著自己的實力，真的在冬奧這個世界舞台上贏得眾人的肯定。溫哥華當地媒體辦了一個評鑑，列出冬奧藝術節的十大受歡迎節目，台灣團隊從六百個活動中脫穎而出，佔據了榜上三名，分別是雲門舞集、林明弘，還有一個社區共同參與的創作計畫——「燈籠森林」（Lantern Forest）。

當高雄之光照亮冬夜裡的溫哥華

這個創作計畫是奧運賽事外，最多人聚集、拍照的裝置藝術活動；也是當年冬奧藝術節中，唯一一個在冬奧結束後，能在溫哥華生根、每年固定舉辦的活動，在ACSEA的經營下，擴大為「新年藝術節」（LunarFest），延續至今超過十年，是台灣藝文界在加拿大重要的展演平台之一。

在台灣，每次舉行大型展演，都會有人提出反省：「煙花式的大拜拜之後，在這片土地上真正能留下、延續生命的，究竟是什麼？還是把錢燒完、活動結束就沒了？」若將這個問題放在溫哥華冬奧，「LunarFest」就是那個「唯一的答案」。有趣的是，「LunarFest」的發想肇端於二〇〇八年的高雄燈會。

「那時要帶羅伯特到高雄去參觀燈會，林懷民老師還曾經勸阻，擔心燈會的質感不夠好。我就跟他說：『不會不會，我們只是去看一下那個氛圍。』我們帶羅伯特去看的都是燈會中最精華的部分，他看到燈會時就──『嘩！』」繽紛光影映照著參與民眾的笑容，讓高雄港變得熱鬧滾滾。吳權益說：「我看得出來他對這樣的活動印象十分深刻，回來加拿大之後，我便跟他提議，我們在溫哥華來做這件事吧？因為二月的溫哥華四點就天黑了，又冷，而燈光可以帶給大家溫暖的感覺。他聯想到高雄燈會給他的印象，很喜歡這個提案，我們再進一步去策劃了『燈籠森林』這個共創計畫。」

「燈籠森林」共創計畫，最初是由ACSEA與冬季奧運藝術節共同製作。宏碁（Acer）在冬奧中是極有力的贊助商，除了金錢上的贊助，也協助「燈籠森林」動員上千名台灣與加拿大的學童參與創作，繪製燈籠，再將這些燈籠掛成一片光之森林。另一方面，與台灣文化節長期合作的台灣工藝研究發展中心建議，除了社區的學童創作，也加入藝術家的作品，展現台灣藝術的高度。這項計畫由時任工藝中心主任的林正儀協同策劃，邀集五位台灣藝術家、五位加拿大藝術家，共同以「光」為主題進行創作，這些作品也陳列在「燈籠森林」裡。

「燈籠森林」舉辦的場地是固蘭湖街（Granville Street），這裡是溫哥華市中心的一條大街，位於核心商業區，五星級飯店林立，匯集了劇院、美術館等重要的文化地標，冬奧之後的台灣文化節都在這一帶封街舉行。羅伯特認為，公共藝術在藝術領域中是很重要的環節，燈節不但點綴了這座城市，讓民眾可以一起分享相聚的時光，也讓參與者感受到自己是這個社區的一分子，與社區共享這份體驗。透過與ACSEA一起打造「燈籠森林」，點亮溫哥華，創造了一個讓人們得以透過藝文體驗歡慶佳節，探索過去不熟悉、甚至從未體驗過的新事物，為社區帶來了歡樂與驚奇，這個部分在冬奧藝術節中極具價值。冬奧藝術節的宗旨就是希望能讓人們因為文化而相聚，並以跨越國際的規格，讓主辦單位、社群、來自其他國家的嘉賓與觀眾，一起在此慶祝、共享世界級的文化經驗。

冬奧的經驗讓ACSEA的策展團隊體會到「跨域對話」的價值。過去台灣的藝文界對於「對話」的認知，停留在很簡單的「交換」模式上，即甲地的節目赴乙地演出、乙地的節目赴甲地演出，讓兩地的觀眾有機會看見世界的精采。但規劃一個特定主題、讓參與者針對這個主題共同發聲，這個模式是從冬奧開始的，也讓吳權益與團隊夥伴發現，從這個取徑出發，有太多太多的可能性可以去嘗試。而冬奧藝術節的籌辦過程，讓ACSEA認識了許多過去未曾接觸過的藝術家和策展人，許多天馬行空的點子不斷互相激盪，這些火花不僅照亮了冬奧幽暗深冷的夜空，也燃起了團隊成員的熱情，找到了將台灣文化節持續辦下去的理由。

「發光的心」，是二〇一〇年溫哥華冬奧的主旨，也是台灣文化節的轉捩點，讓台灣文化節團隊開始察覺：我們不只是能「被看到」，也能「被需要」。

加拿大的「多元」究竟是什麼？

自一九七一年起，加拿大開始將「多元文化政策」標誌為立國基礎，是世界上第一個將「多元文化」標舉為最高指導原則的國家。「多元文化主義（Multiculturalism）」不只是國策，在加拿大更是人人奉行的普世價值。相較於其他國家長期為了塑造「國族」、「民族國家」而爭端不止，加拿大會如此「先進」，源自於一段煎熬的歷史進程。

最早盤據這片大地的歐洲殖民者是法國，英國接踵而至，最後法國的據點退縮到剩下魁北克省，這也是加拿大分為英語區、法語區的由來。在這段歐洲殖民的過程中，原住民遭遇了毀滅性的種族清洗。*自一九六〇年代起，法裔族群為反抗英裔族群為主的聯邦政府，魁北克省掀起了獨立運動，聯邦政府則派兵鎮壓，局勢嚴峻，幾乎形成內戰。

為了平息這場爭端，當時的加拿大總理皮耶・杜魯道（Pierre Trudeau，即現任總理賈斯汀・杜魯道的父親）於一九七一年推動多元文化政策，一九八八年通過聯邦議會，正式寫入憲法。這只是第一步，接下來，在皮耶·杜魯道執政期間，他秉持多元文化立國的精神，主張原住民、法裔的權益與和平，堅持加拿大必須自治，說服了英國國會，讓加拿大自此在政治上完全獨立。

對於「多元文化」的認知，每個多族裔的國家都有不同的考慮，是「濃湯」還是「沙拉」，各有取捨。「濃湯」象徵各族群的共融，「沙拉」則是族群並存，加拿大選擇了後者，尊重每個族裔與社群的獨特性，不只是種族，還包括世代衝突、性別平等、LGBTQ等以價值觀為立場而形成的族群，並保障每個人都擁有自我表述的自由與空間。這種「自我表達的自由」，既是跨族群的共同價值，也是連結彼此的紐帶。

加拿大堅持的多元文化，就像一大片色彩斑爛的馬賽克拼貼畫，每個族裔，甚至是每個個體，就是其中一片馬賽克，保有自身的樣貌，共同組成一幅名為「加拿大」的畫作。因此，「多元文化」不只是加拿大的文化特色，更是所有加拿大人心中最高的價值準則，

＊註釋：針對加拿大政府過去對北美原住民的作為，究竟應該稱之為「種族清洗」還是「文化清洗」，有非常多的爭論。主張「文化清洗」者認為，加拿大政府表面上並沒有進行種族清洗，而是透過以教育為名的同化政策，讓原住民以及其他語言與族裔的文化消失，融入英語系歐裔為主體的文明社會。

在這個共識中，國家得以安定繁榮，人民得以安居樂業。

與台灣民眾習慣「由政府制訂規範」的做法不同，加拿大的多元文化政策不只是在法規上保障每個人表達意見的權利，它形成「由下而上」的社會運作共識，每個公民、社群都是主角，政府機關的責任是聆聽人民的意見，並依此調整相應的做法與法規。因此，公務人員很習慣主動去參與各式各樣的民間集會活動，並不斷自我檢視：「該出席的民眾是不是都來了？是否有哪個族裔沒出現？是否有哪些弱勢族群沒出現？如果有誰沒來，我要趕快找他們進來。」這種敏感度是加拿大的公民共識，每個人在做每一件與公眾有關的事情時，都會自覺地去檢查是否有遺漏，也會主動去向不同立場的族群表達意見、聆聽反饋，確認彼此真正的需求與想法。

二〇一〇年冬奧藝術節的「燈籠森林」，讓溫哥華市中心商會（Downtown Vancouver Business Improvement Association）發現了新的可能性：ACSEA的活動可以吸引住在城市外圍邊陲地帶的亞裔市民。亞裔市民過去對市中心的印象是「昂貴」，再加上路途遙遠，通常都是為了處理某件事才會進入市中心，事情辦完就趕快離開。溫哥華市中心商會是全加拿大第二大的商貿同業組織，擁有九十個街區，是溫哥華城市運作的關鍵角色。商會很早就注意到亞裔對市中心的參與度偏低，實際上，市中心在週末的停車費是比平日便宜許多的，而且物價也沒有刻板印象中那麼高昂。如何破除亞裔「有事才去市中心」的刻板印象，讓亞裔願意多到市中心四處走走，是商會很傷腦筋的一件事。「燈籠森林」之後，商會邀請ACSEA繼續在市中心舉辦活動，並大力支援ACSEA與市政府、街區內各社團之間的溝通協調工作。這個邀請讓ACSEA從此在市中心落腳，也配合商會的需求，將活動場地散置在街區中的不同位置，透過封街、交通指引，引導觀眾走進市中心的各個角落，深入認識這座大家共同生活的城市。市中心商會主動注意到亞裔在城市空間中「避處邊陲」的印象，並積極想辦法解決這個問題，正是加拿大社會落實多元文化價值的其中一個案例。

每次ACSEA舉辦活動時都會在活動開始前宣讀一段「土地宣示」（land acknowledgment），說明當下的活動場地過去是哪些原住民族裔生活的土地，讓所有參與者一起記得這片土地的文化淵源，感謝、尊重它原本的主人。不只是ACSEA，加拿大大部分的活動都有土地宣示的儀式，這個儀式某程度也體現了多元文化政策的基本精神。

這個充滿人權關懷的理想在加拿大運作了半個世紀，身在亞洲的我們可能會覺得有點陳義過高。別的族裔先不討論，近三十年來快速移入的亞裔移民，心中有這個共識嗎？換個角度看，要如何在新移民不斷湧入的過程中，持續在移民社群內經營、建立這個多元文化和平共榮的理想？

回顧這段歷史，吳權益一針見血指出：「多元文化就是加法，反對多元文化就是減法。人類的演進，就是加法的結果，減法幾乎都是悲劇收場。」什麼是減法？只允許一種聲音存在，消滅異見，導致的結果，就是歷史上的斑斑血痕。

你們認為自己是國家，我們就把你當國家

二〇一四年的夏天，有兩個大型活動要在多倫多舉行，一個是七月的「中國文化節」（China Now），一個是八月的台灣文化節。

多倫多的中國文化節是由中華人民共和國文化部與美國史密森尼學會（Smithsonian Institution）攜手，邀請多倫多湖濱中心聯合舉辦。史密森尼學會致力於國際文化資產保

存工作，擁有世界最大的博物館與研究體系。對多倫多湖濱中心而言，這是一次非常重要的跨國合作案。

自二〇〇六年起，台灣文化節就是湖濱中心固定的夏季大型展演節目。之前沒有兩個華語社群同時競爭媒體曝光與相關資源，「一中」的問題還沒有那麼明顯，但此時就顯得有些尷尬。

首先要面對的是「定位」的問題。台灣是一個國家？還是中國的一部分？加拿大政府的官方政策是遵行「一個中國」原則，若台灣文化節公開聲稱台灣是一個「國家」，勢必與加拿大政府的一中原則衝突。這是政治層面的矛盾，但在加拿大藝文界，也就是文化層面，這件事情卻存在一定程度的轉圜空間。

多倫多湖濱中心的一位高層去信給ACSEA：「（藉由這封信）我只想向您說明，我們一直在和一位加拿大廣播公司（CBC）的電視記者一起處理一個小問題：與台灣有關的往來文件，台灣的定義是『國家』。」

湖濱中心也在信件中說明，他們尊重社群的「自我表達」，湖濱中心不會扮演「去替對方決定『它是誰』」的角色。若台灣認為自己是一個「國家」，就是「國家」。雙方達成共識後，便口徑一致，對外介紹時，一律採取「國家」作為台灣的國際身分。由此可見，在加拿大的文化界，很清楚台灣和中國是不同的兩個主體，沒有模糊地帶。

在冬奧藝術節中，ACSEA也巧妙地以第三方單位的身分，在有國際媒體出席的記者會中將台灣表述為「國家」。從這兩次的合作經驗，可以看到加拿大文化界，很願意讓台灣用創意去守護自己的主體性。

除了保障了台灣文化節自我表述的空間，湖濱中心也給予台灣文化節強力的財務支持。二〇一五年，湖濱中心撥給台灣文化節的年度預算是十九萬兩千七百七十加幣，約四百二十四萬新台幣；二〇一六年則是二十五萬六千加幣，約五百六十三萬新台幣。以一個單一社群的城市藝術節而言，這是一筆很大的數目。而之後與湖濱中心的合作，台灣文化節的規格也一直維持在類似的水準。

在海外舉辦活動的台灣社群，大多仰賴台灣政府的補助與支持，加拿大台灣文化節是個異數。二〇一六年之後，策展團隊的主要資源都是在加拿大當地取得，有的來自合作，有的來自贊助，也有捐款。湖濱中心就是其中一個很有力的合作單位。

二〇一四年，台灣文化節與中國文化節這種類似「鬥場」的經驗，似乎讓湖濱中心做了某種取捨。中國文化節與湖濱中心的合作只辦理了一屆，之後再無下文。

究竟發生了什麼事呢？

策展過程內部如何溝通，我們不得而知。吳權益觀察到，從展演內容來看，中國文化節很明顯是中國一貫的大外宣。以記者會為例，視覺襯底是一整片的五星國旗，並於廣場上放了個陶瓷大花瓶，極力強調「中國印象」，展現其泱泱大國的雄武氣勢，以及纚纚五千年的悠久歷史。

根據多年來與湖濱中心合作的經驗，吳權益推測：「湖濱中心可能不太習慣這種做法。」

「地點就是意義」，湖濱中心是多倫多的文化聖殿，象徵著這座城市的精神，也是市民親子共樂的場域。「試想，中國社群以外的加拿大人，在自己生活的城市中，看到另一個國家強力輸出的政治宣傳，心中會有什麼感受？這些五星旗與我何干？與多倫多何干？與加拿大何干？為什麼另一個國家的威權象徵，要入侵進我的生活裡？」

你追求的理想，也必須是我倡議的價值

與湖濱中心合作的每一次經驗，都提醒著ACSEA：文化策展必須以創造新的「加拿大價值」為前提，與其他社群一起找到不同文化間共通的價值與理念。不只是湖濱中心，在加拿大，與不同的策展單位合作提案、共同企劃節目內容時，自己所提出的理念與願景，也必須是對方想要做的事。

「台灣的藝術團體很優秀，很容易在海外贏得讚譽。但是要讓另一個國家的組織願意為台灣扛住這類國際壓力，並挹注龐大的資源，必須有對他們而言更重要的理由，不只是『台灣的作品很好』而已。」

「讓你看到我多厲害」，是過去台灣在做文化策展時常有的盲點，台灣文化節也走過相同的路。將「台灣之光」邀請到加拿大演出，展現出來的品質當然很好，觀眾口碑也很好，但，這種做法，是否能讓台灣的軟實力在加拿大落實成「硬東西」？在中國碾壓的局勢下，能用這個「硬東西」撐出台灣的生存空間？

「尊重每一個文化的自我表達」是加拿大多元文化價值的核心精神，但討論的基礎必須

以文化為前提，若要面對政治，ACSEA也不會迴避。我們可以將自我表達視為一個「空間」，而加拿大社會存在著這樣的空間，各種意見都可以在這個空間中相互辯論。當台灣社群面對中國壓力，正可以藉由這樣的空間，捍衛表達自我的權利，以及自身的生活方式。

歷經冬奧、湖濱中心的經驗，台灣文化節的策展團隊，似乎找到了這個「化軟為硬」的方法：必須讓「軟實力」突破「僅止於欣賞」的層級，進一步轉換成讓對方支持自己的理由。

越多元越安全

一直以來，海外的台裔社群多多少少會被中國的政治力所影響，將台灣文化節、LunarFest擴大為各族裔得以藉由文化與藝術創作發聲、互相對話的平台，藝文界人士可以透過這個平台進入大眾視野。這是讓台裔社群能在政治角力與暗流中安全生存、壯大的竅門。

簡單來說，就是藉由策展平台聯合其他族裔，達成「共生」的目標。用這種方式來保護自己，既符合加拿大的價值觀，也能造福不同社群。因為提出了以「共生」為目標的文化論述，名字叫做「台灣」，從文化的角度看也不是問題。比方奧委會受制於「一個中國」原則，台灣代表隊不得不使用「中華台北」這個詞，但台灣文化節可以利用「文化的自我表述」繞過這道坎。

然而，就算加拿大給予各族裔充分的空間，去進行「文化的自我表述」，台裔社群是否能提出相應的文化論述，去說明「台灣文化是什麼」？

在加拿大，華語社群主要來自中國、香港、台灣，各有自己的發展脈絡與文化認同，卻被含糊地統括為「Chinese」。這個詞的意涵十分曖昧，中國人、漢人、漢文化、華語，都可以用這個詞來代稱。正因為「Chinese」這個詞的模糊性，香港社群、台裔社群自身的文化和貢獻，很容易就被中國收割，「都是咱們中國的」。

別的不說，光是台灣人就包括了許多不同族裔與文化。除了原住民，有歷經日治的台籍人士、一九四九年之後遷台的外省族群、一九六〇年之後遷台的東南亞移民，以及世界各地出生的各色人種，還有第二代、第三代海外歸僑。和加拿大一樣，台灣是移民社會，有很大一部分都不適用「Chinese」這個詞。

早期中華民國政府為了強化「中華民族的正統在台灣」，對外對內，均以「Chinese」和「China」作為國際溝通時的自我指稱，並進一步擴大，將全球華裔都納入「Chinese」的範疇，作為「中華民族」的國族延伸。這種打模糊仗的做法，將數百年前就已經在其他國家落地生根的「華裔」都視為中華民族的國族成員。國族不分最典型的謬誤就是將所有華裔都視作「華僑」，無視他們實際上是另一個國家的國民，只要流著「中華民族」的血液，就是以「中華民國」的法律規管，包括在白色恐怖時期對所謂的「僑生」、實際上是他國國民施行政治迫害。

當中華人民共和國與中華民國同時使用「China」和「Chinese」去擴大囊括所有華語社群時，這些本質與立場截然不同的社群，包括香港、台灣、新加坡、馬來西亞、越南，就沒辦法分開來，確實的針對現狀與需求進行公共討論。吳權益也指出，在加拿大，「全部都是Chinese，真的不知道是在講誰，很混亂。」

因此，將社群依實際的文化差異和認同區分開來，明確的辨識差異，有其必要性，加拿大以「多元文化」為這樣的辨識提供了充分的空間，也保障了台灣社群的發聲權。這是文化的層面，那麼，政治層面呢？是否可以透過政治力去強化相關的保障？台灣是否做過類似的嘗試？

亞伯達省因為強勁的經濟發展、對移民的友善政策，成為加拿大移民社群經濟成長率最高的省分。現任省長賈森．康尼（Jason Kenney）是吳權益的大學同學，他最早是保守黨的國會議員，曾因為大動作弔唁趙紫陽而引起中國抗議。在此之前，他曾經在多元文化事務部（Ministry of Multiculturalism and Citizenship）*任職多年，先是擔任國會秘書，後來擔任部長。

吳權益說：「我曾經跟他很密切地來往過。人們往往很喜歡跟這些政治人物靠攏，可是在我看來，這是很不安全的一條路。」

在賈森．康尼擔任多元文化事務國會秘書期間，ACSEA曾邀請台灣的文建會主委翁金珠出席加拿大台灣文化節，ACSEA請康尼幫忙居中安排，希望能邀請加拿大文化部部長（Department of Canadian Heritage）蒞臨台灣文化節開幕式。康尼回覆表示，他會代表該部會出席活動，也承諾與翁金珠會面。幾年後，文建會主委盛治仁出席LunarFest，ACSEA也請康尼居中協調與加拿大文化部部長的會面事宜。

「有其他政黨看到我們的關係，就直接把我歸為保守黨。但其實我們只是認識而已，現在已經沒有什麼聯絡，他在政治上對我們也沒什麼需求。」吳權益說：「即使他擔任過多元文化部部長，仍會叫我『Chinese half-brother』。」從這個用詞可以判斷，加拿大的其他族裔比華語族群更缺乏對詞彙的敏銳度，這反映了對亞裔文化的缺乏理解。這種「缺乏」，隱含了另一個問題：對政治人物而言，雙方的關係只建立在職務需求上，只要職務轉換，無涉利益的關係就會斷掉。政治人物不一定會真的用心去了解你。

「這些政治人物可以對你很好，也可以是很多事情背後的力量，可是透過政治人物的力量可以帶來多少改變？我不知道。可以肯定的是，我們的發展必須靠民間的力量去建立平台，作為社群之間的紐帶，才能達成真正的穩固。」

模里西斯警察的請求：希望能與台灣對話

二〇一八年的台灣文化節，有一位警察騎著腳踏車來到活動現場。這是很奇怪的事，台灣文化節過去從來沒有警察特地上門，工作人員不知道活動環節哪裡出了岔子。

---

* 註釋：多元文化事務部是負責管理移民社會福利的單位，隨著內閣制的政策而設，配合社會發展的進程而成立或解散。

警察問吳權益：「你是這個藝術節的負責人嗎？」吳權益說：「對，有什麼事嗎？」這位警察是一位黑人，他自我介紹，說明自己的父母來自非洲的模里西斯島：「你們可以和我的社群談談嗎？我們很希望能跟你們對話。」

兩人開始談起非洲與華語社群的關係，據這位警察描述，在模里西斯有很多華裔，大部分是十八世紀從廣東出洋的華工與華商後裔。他進一步提議：「如果你要討論民主，我們也可以一起來談民主；如果要談人權，我們也可以跟你談人權。」他指指台灣文化節的展演區：「可是我們需要有一個像這樣的平台，來和你們對話。如果你覺得我們的社群太小，我還可以找其他的非洲族裔一起來。」

台灣文化節展現出的，不只是一個舞台，不只是一張海報，而是一個串連起各族裔的平台。它可以讓一個活生生的人跑來跟你說：「我們的腦袋裡有些東西可以互相串連。」

類似的經驗在與菲律賓、與越南的對話中，都有發生。這些社群表示：「我們從來沒有在市中心像這樣被社會關注過，可以告訴我你們是怎麼做的嗎？」也許因為背後的策展思維和經驗儲備不足，不一定能靠自己的力量跟上，但已經可以感受到他們也想要做到這些事情，而不是一直待在外圍，等著受照顧。

「台灣其實沒有想像中的那麼小，我們可以做的事情還滿多的。」吳權益說。

跟這麼多族群「對話」後，合作過的單位、社群都可以很清楚地區分出「台灣」與「中國」在文化本質上的不同，因為「中國人不會這樣想事情」。當這個辨識度建立起來後，要去對國際說明台灣和中國不一樣，自然也就容易得多。

吳權益表示：「當我們要和其他社群一起合作、創造未來的時候，他們就會保護我的立場與認同、我的過去、我的文化背景。相對的，我也會去保護他，因為不希望跟我們這麼要好的親人受到傷害。這種關係的建立，是非常可貴的。」

我們期待每一個從台灣出去的藝文團隊都能思考到這個層次。這很難，但必須開始。我們必須去和各界進行觀念上的討論，不能再限於一次性的交易，限於文化買辦，表演結束就曲終人散。一次性的交易，對關係的營建毫無意義，這裡的「關係」包括與合作夥伴的關係、與觀眾的關係。ACSEA就是在做搭建橋梁的工作。搭橋不同於搬運工，若僅僅是將某個節目從甲地搬到乙地演出，對觀眾而言，也就只是「看過」而已，策展單位也只是做了一回搬運工，彼此之間的連結是不存在的。

必須試著去建立共同價值，並在強固的連結中共享價值，這就是「共生」。「建立共同價值」這句話是老生常談，人人都在講，但究竟要怎麼做，才能建立共同價值？

「共同價值」，就是彼此的共通點。這個共通點是不會突然發生的，它需要在持續不斷的大量對話中觸發，也需要刻意去設計一些方法「打開它」。以ACSEA為例，他們的日常生活就是持續不斷、不厭其煩的大量跟各路人馬談話，說明自己的想法，也聆聽對方的想法，在高頻率的與人互動中，找到觸發彼此共識的那個開關。而「打開它」的方式，就是策展。

要和不同界域的對象找到共通點，必須打開耳朵、打開腦袋、打開心房，要不斷開拓新視野，才能更敏銳地找到與他人的連結。以台灣文化節為例，每一年都會有幾個具有普世價值的議題，幾乎每一個人都有相關的經驗，比方面子、被壓迫、離散，這些議題讓每一個人都有感，都可以表達看法。從這些共同經驗中延伸，讓對方去談他們自己，溝通起來就會容易許多。這些議題就是「橋梁」，這樣的橋梁不只是你的，也不只是我的，而是我們共有的。

第二章

在加拿大遇到中國：從中國新年變成農曆新年

二〇一九年二月，冷冽的冬日中，曾是冬奧活動場地的溫哥華地標傑克普爾廣場（Jack Poole Plaza），架設起一座巨大的豔紅色方框，八座色彩繽紛的大型圓柱燈籠懸掛其中，高豪港（Coal Harbour）美麗的港灣景色襯托著燈籠的活潑生氣。仔細一看，會發現燈籠下方垂吊著大紅色的吊飾，形狀讓人聯想到農曆春節喜氣的方形春聯和流蘇穗飾。

自二〇一〇年冬奧設置了「燈籠森林」以來，ACSEA每年以燈籠為主題、定期舉辦的新年藝術節（LunarFest），已成為溫哥華冬季最亮麗的一道風景線。

這八座大型圓柱燈籠，展現的正是ACSEA歷年來多元文化的交流、共融精神。其中四座燈籠由台灣和加拿大的原住民共同創作，表現各自的文化傳統，亦呈現出對宇宙萬物共同的愛與關懷：

根據斯夸米什族（Squamish）的傳說，高豪港一帶，曾有一隻巨大神話生物出沒，祂的活動形塑出當地的水灣地形。斯夸米什族的藝術家柯瑞．道格拉斯（Cory Douglas）便依此設計了一隻紅色大章魚，盤據著海岸線，與蔚藍的海洋與天空，以及灰色的山脈，形成醒目對比。

湯瑪斯．坎諾（Thomas Cannell）是瑪斯基姆族（Musqueam）的雕刻家和設計師，認為華語社群在冬季點燈的傳統，和海岸薩利希族（Coast Salish）在寒冷冬日圍在火堆旁歌舞、頌揚生命的傳統，有著異曲同工之妙。以此為靈感，他運用當代元宵節常見的多種色彩，創作出一個手握燈籠的孩子在月光下起舞的圖像，具現「生命之靈」。

提里斯瓦圖族（Tsleil-Waututh）族的札克哈瑞·斯柯凱勒·喬治（Zachary Skokaylem George）畫出象徵人民的三個月亮圖騰，以及帶來喜悅的烏鴉圖騰，展現人與自然的關係。

來自台灣桃園爺亨部落（Zihing）的泰雅族藝術家米路·哈勇（Miru Hayung），以泰雅族編織、紋面的圖像風格為基底，畫上野豬的圖樣，象徵著「分享獵物」的泰雅祖訓（gaga）。

這次的燈籠共創計畫，是當地原住民族社群與台灣社群的首度合作。為了完成這個計畫，每個藝術家都必須回溯自己的原住民族歷史，從傳統中尋找與當代社會對話的題材。柯瑞·道格拉斯就曾經公開表示：「這個計畫讓我能夠回到自己的社群，和一些長老談論關於那片港灣水域的傳說。」

讓農曆春節的燈籠也能夠承載華語社群以外的文化，使各族裔文化都能藉此重新被探索、認識，進而生根延續，是LunarFest打破社群框限的又一個里程碑。這四件燈籠作品交織著原住民族、當代藝術和農曆春節傳統的色彩，多元族群對話的力量，在飄雪的漫長冬夜中，化成燈籠溫暖多彩的光芒，照亮了前來賞燈的民眾。

小羊花燈為「農曆新年」正名

儘管已經走過十個年頭，二〇一九年的LunarFest和往年有些不同：這是ACSEA第一次和溫哥華旅遊局（Tourism Vancouver）攜手合作。溫哥華旅遊局是受卑詩省政府授權成立的民間單位，負責溫哥華的目的地行銷與管理，推廣在地觀光，主要的資金來源是政府向遊客收取的觀光稅。ACSEA多年來極力爭取與溫哥華旅遊局合作，「台灣市場太小」的現實，始終是最大的障礙。

原本在渥列治購物中心（Oakridge Centre）擔任行銷經理的布蘭達・隆蘭（Brenda Longland）轉任溫哥華旅遊局，為雙方合作帶來了曙光。

渥列治購物中心是溫哥華當地規模最大的購物中心之一，雙方合作的契機，始於一批可愛的小羊。

二〇一五年是羊年，ACSEA做了幾百隻羊咩咩花燈，擺出來的陣勢既壯觀又逗趣，讓人忍不住想衝進羊群中合影留念。視覺效果可愛滿溢，與世界自然基金會（WWF）發起的「一六〇〇世界熊貓之旅」有點類似。

購物中心必須隨著不同的節慶轉變裝飾，打造氣氛，在農曆春節期間也不免俗地常以紅包、盆栽等妝點賣場，各家做法大同小異。隆蘭和她的部屬都不是亞裔，對亞洲文化比較陌生，對農曆新年的認知很容易落入刻板印象。ACSEA主動詢問渥列治購物中心，是否能讓他們趁著「羊年」的農曆新年檔期，擺一百隻小羊花燈在購物中心內，當作社區服務的宣傳。渥列治購物中心也不太確定會有什麼效果，秉持著試試看無妨的心情，答應了這個合作提案。

一開始，小羊花燈只是很簡單的擺在地上，購物中心對此頗有微詞：「怎麼可以擺地上呢？我們的樓面挑高這麼高，在我們這裡的裝飾都要有『高度』，怎麼可以讓顧客的視線往地下看？」可是小羊花燈很小，拉高就看不到了，討論之後，還是只能擺在地上。

小羊花燈出乎意料地大受歡迎，裡頭的商家和顧客都跑過來拍照，並上傳到社群網路，為購物中心促成了相當不錯的宣傳效果。

小羊花燈的成功，讓隆蘭的企劃團隊與ACSEA結下不解之緣，也讓渥列治的行銷思維從此轉變。雙方持續合作了幾年，直到渥列治集團大裁員、隆蘭團隊轉職到其他單位，彼此私下仍維持著密切的情誼。ACSEA對農曆新年的創新提案，使這些較主流的商業單位逐漸改變了對「農曆新年」的刻板印象。「讓他們喜歡新的東西之後，再去跟他們討論原來的做法，可能有一些過去沒注意到的、可以改變的地方。這樣的做法需要時間，但不能硬把自己的理念塞給別人。」吳權益說：「你不能一開始就跟人家講：『不能叫『中國新年』，不然我就不來！』這麼做只會斷了這個機會。」

在商言商，先讓對方理解「我知道你的重點是要賺錢，只要你允許我有這些空間，或許可以看到新的可能」。之後才有條件去進一步和對方討論什麼是「中國新年」（Chinese New Year，簡稱CNY）、什麼是「農曆新年」（Lunar New Year，簡稱LNY）。

隆蘭爭取進入溫哥華旅遊局前，曾向吳權益請教，希望能夠帶一份計畫案赴任，這項計畫就是為溫哥華的農曆新年打造一個不同以往的城市節慶體驗，作為溫哥華冬季的指標性旅遊行程。溫哥華旅遊局是私人機構，往年主要的業務是替旅館促銷房間，搭配溫哥華

上：2010 溫哥華冬季奧運 － 林明弘「神秘的面紗」讓冬季奧運披上了濃濃的台灣風味。
下：2010 溫哥華冬季奧運 － 加拿大與台灣共同打造了市中心最熱門的 LunarFest「燈籠森林」。

2020 Coastal Lunar Lanterns

台灣的創意連結了原住民的故事，為溫哥華農曆過年的習俗開啟了全新的頁章

上：在太平兩端國寶級的原住民藝術家族，用他們的傳統美學，點亮了族群融合的希望。左邊來自台灣巴瓦瓦隆家族，右邊來自溫哥華蘇珊．波英特(Susan Point) 家族。

下：一個社會的進步是當多數人開始懂得捍衛少數的利益；台灣人自己過年不難，跟許多被邊緣化的群體一起大聲的過年是更有意義的。

加拿大用藝術啓動與原住民族的和解對話，成為台灣文化去殖民化的借鏡。

肯特・蒙克曼（Kent Monkman）
老子們（The Daddies）
2016

Acrylic on canvas
60" x 112.5"
Image courtesy of the artist

加拿大原住民寄宿學校的悲劇是全人類都需要共同面對的歷史，台灣也不例外。

肯特・蒙克曼（Kent Monkman）
尖叫（The Scream）
2016

Acrylic on canvas
84" x 126"
Collection of the Denver Art Museum
Image courtesy of the artist

Oakridge Centre

文化是流動的，當文化限制了我們的思維，當我們無法詮釋自己的文化時，文化變成了什麼？

上：多元文化是台灣與世界的共同語言；建構一條充滿希望的天燈大道，讓世界與台灣一同走向未來。

上：溫哥華有著抗議之都的傳統，台灣不也是亞洲進步價值的代表嗎？挑戰一下「愛面子」的人。
下：溫哥華美術館廣場，台灣要當永遠的重要夥伴，不只是活動的主人。

上左：日本的扇子文化可以乘載別人的文化，但卻從不讓日本特色委屈求全。
上右：台灣的小農精神亦可創造國際的連結，日本的糕點師傅在台灣找到另一片天。
下：從江文也、蕭泰然、李哲藝到海外成長的謝建得，古典音樂對台灣文化的傳承意義非凡。

上：湖濱中心是加拿大多元藝文中心的重鎮；她可以呈現台灣的民俗扯鈴，亦可以推出引領世界打擊樂的朱宗慶打擊樂團。重點不再是台灣被看到，而是湖濱中心的價值要被知道。

中：當台灣成為亞洲第一個承認同性婚姻的國家時，第一個想表達敬意的藝術家竟然是來自中國。

下：當溫哥華市中心可以為台灣封街舉行活動時，我們更大的責任與思考是如何回饋給加拿大?

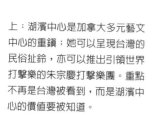

上：多倫多湖濱中心。
(Harbourfront Centre)

中：2019 越愛台灣，兩位名廚、兩個世代、兩種文化(日本與越南)，在加拿大的相遇，台灣成了他們的交集。

下：2018 台灣想菲，當菲律賓的吉普尼出現在溫哥華大街上的台灣文化節時，如何拉近人與人之間的距離成了話題。

台灣可以成為封面故事，是因為世界看到台灣，還是世界從台灣看到自己？

上右：磊勒丹・巴瓦瓦隆
下左：拍謝少年
下右：無垢舞蹈劇場

上：美食可以解決台灣與世界的問題嗎？要靠嘴巴愛台灣，可能也可以著重在食物背後的故事與意義。
下：台灣一直期待世界的眼光，是否也可以從已經在台灣的世界開始？餐桌上的世界。

2021 翻轉亞洲。美國領事館總領事：D. Brent Hardt
人類其實不一定會因為文化或血緣而結盟，但是價值觀的連結卻有可能跨越族群的差異。台灣的美好，或許都不是我們認為最讓人回味的過去，而是我們所代表的未來。

上：溫哥華市中心商會頒贈個人貢獻獎。

對一個為台灣說故事的工作者來說，台灣的名譽遠遠勝過任何一個組織或是個人。台灣可能不會因為個人而偉大，但是卻很容易因為個人的私慾而受傷。

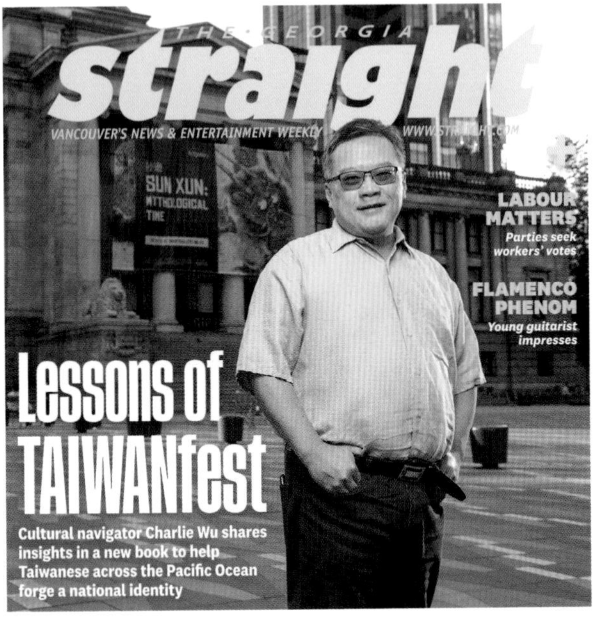

上：成功的傳承是因為失敗時前輩有勇氣站在後輩的前面，成功時很大器的移到後面。

台灣認同不是因為長輩的教誨，更不是因為偉大的歷史傳統，而是一步步地摸索，一點一滴的發現。這不是一般的藝文工作團隊，更不能用使命去匡列他們的動機。他們是用生命去體驗，用熱情去學習，台灣就這樣存留在他們的生活中，相信他們的人生已經因為台灣而有了最良善的改變。

四季的自然風光製作廣告，農曆年期間則搭配唐人街的新年活動進行宣傳。

「她原先的構想是要掛很多紅紅的大燈籠，那種很刻板的過年方式，我就反問她：『妳這個方法和西雅圖那些城市有什麼不同？』」吳權益回憶當時兩人討論的情景，他進一步建議，如果要創造出溫哥華自己的特色，不妨改用長圖騰柱的燈籠作為主展品，把原住民的元素帶進來。隆蘭很認同「LNY」的理念，認為這個概念持續拓展，可以產生無限的可能性。在ACSEA合作的對象中，隆蘭是第一個願意改口，以「農曆新年」取代「中國新年」的夥伴。在旅遊局任職期間，隆蘭不但在內部力挺ACSEA，也在外部幫忙串連許多資源，這些努力的成果在二〇一九年二月化為漂亮的成績單，溫哥華海濱立起八座搶眼的柱狀燈籠，訴說加拿大原住民與這片海灣的故事，也訴說台灣原住民與祖先的關係。原住民議題在加拿大備受各界重視，加拿大的主流媒體從未見過原住民慶祝農曆新年，這場文化地景盛事讓溫哥華旅遊局躍上各大媒體的新聞頭版，LunarFest的能見度與影響力由此大為提升，成為溫哥華獨樹一幟的農曆春節慶祝活動。

原本這八個燈籠計畫要放在溫哥華美術館，但展期無法配合。在隆蘭的奔走下，說服溫哥華會議中心出借傑克普爾廣場，促成合作。「這件事的意義在於，它讓很多原來不會參與農曆新年的人，都參與了。」吳權益說。

主流媒體的聲量，比任何族裔組織的發聲都更有力。之前雖然陸續有人提倡用「農曆新年」取代「中國新年」，但一直沒有獲得社會重視。LunarFest與旅遊局的合作，讓ACSEA取得更多話語權，向社會大眾提出觀念上的倡議。吳權益說：「我們進去的同時也在改變溫哥華旅遊局，他們長年都是叫『中國新年』，對我們來講，這個名稱沒辦法合適地代表我們多元文化的精神，因為越南人、韓國人也都是過農曆新年。我們不斷強調這一點，堅持要改成『農曆新年』。」後來，台灣文化節還因此收到韓國社區的致謝，感謝台灣文化節為他們發聲，主張農曆新年並不專屬於中國人。

吳權益觀察到，在二〇一九年的LunarFest之後，溫哥華媒體和官方的用語很快便開始改用「農曆新年」，相信這個改變也會逐漸擴展到加拿大的其他地方。

在當時的記者會上，吳權益表示，許多加拿大的中國和台灣移民對於當地對原住民族殖民和壓迫的歷史所知甚少，期望能藉由藝術合作搭起兩個社群的橋梁：「我們歡慶亞洲傳統的同時，也不忘分享溫哥華在地的故事。這可以說是一種團結，我們生活在同一片土地上，我們必須像家人一樣珍惜彼此。而農曆春節正是屬於家人的時刻。」

經過這一年成功的經驗，溫哥華旅遊局在接下來的兩年也持續和ACSEA合作，而ACSEA亦努力說服溫哥華旅遊局來台參與二〇二〇年的台灣燈會。雖然二〇一九年LunarFest的主題是加拿大的在地故事，其內涵已不再受「台灣」侷限，溫哥華旅遊局習慣上仍視ACSEA是「台灣人」，而非「加拿大人」的組織。當ACSEA建議他們參加台灣燈會，直覺反應不免俗地又以「國際行銷預算不足」為由拒絕。吳權益建議台灣燈會展出二〇一九年LunarFest那座代表跨域文化的燈籠，才成功說服溫哥華旅遊局同意赴台參訪。溫哥華旅遊局代表後來因為疫情取消來台計畫，在媒體上看到台灣燈會的盛況，也看到日本每年都積極參與台灣燈會，終於體認到，台灣燈會在亞洲是很重要的行銷良機。

二〇二〇年是加拿大首次有官方代表參與台灣燈會，溫哥華更是當年台中花博「國際友誼燈區」中，唯一不是來自日本的城市。加拿大原住民藝術家創作的燈籠飄洋過海來到台灣，在台中熱鬧的冬夜裡訴說溫哥華原住民和台灣社群共同編織的美好故事，更創下了台灣燈會三十一年來首度有北美國家參與的歷史。

文化行銷第一步：要彰顯自己的特色？先練習使用精準的詞彙

「行銷」要展現的就是特色。每個文化工作者、藝術家都希望自己的作品跟別人不同，缺乏特色，就不可能受到重視。能夠引起大家注意的，就是「差異性」。也許對我們來說差異是存在的，但別人未必能辨識那個差異。重點是，如何具體說明差異是什麼？因此，探索差異、提出論述，是行銷的基本功。

要提出合理正確的論述，使用正確的詞彙是第一項功課。以「中國新年」和「農曆新年」這兩個詞彙為例，無論是在台灣過農曆年，還是在中國、香港、越南、韓國、馬來西亞、印尼過農曆年，都會說「農曆新年」或「春節」，為什麼到了加拿大，就變成「中國新年」？這是西方語言脈絡下、以偏概全的統括。如果要用「中國新年」去介紹亞裔各社群的農曆新年文化，很容易會被詮釋成「中國文化的延伸」，但實際上並不是如此。農曆新年與農業時代的歲時節俗息息相關，使用農曆（陰曆、月亮曆）的農業文化都有農曆新年，彼此之間具有共通性，也有互相影響的部分，但更重要的是每個社群的主體性，不能倒果為因。加拿大一直有人持續提倡以「農曆新年」取代受限於華語社群的「中國新年」，藉由LunarFest，ACSEA讓「農曆新年」的倡議落實為溫哥華所有族裔共享的冬季節慶。

「除了CNY（Chinese New Year），ABC這個詞也是很不精準的用法。」吳權益說：「在美國出生的中國人叫做ABC（American Born Chinese），加拿大出生的台灣人應該叫做CBT（Canadian Born Taiwanese），但無論在台灣還是加拿大，大家仍然繼續用『ABC』這個詞，這在提出文化論述時，會讓人不知道你到底在指誰。」

除了詞彙必須精準，另一個必要的工夫是「重組」。賈伯斯將電腦、電話、鬧鐘、相機、音樂播放器等我們身邊習以為常的事物，重組出了智慧型手機；文化上是不是也可以比照辦理，將多族裔的文化透過重新組合，回應當下、當地的需求，變出新的東西？台灣一直在宣示自己是多元文化，但檢討這些年來的文化論述，往往都在追溯文化中各種元素的起源，將之貼上起源地的標籤，如客家、閩南、日本、原住民等等，是否意識到，這些事物在台灣已經經歷了漫長的流變，要指出它們在現今社會的形貌與意義，就像賈伯斯重新組合既有事物那樣，必須重新組合這些文化中的各個板塊？

在這個重組的過程中，除了溯源，還要找到共通性，一定要放掉對原有事物的某些堅持，才能接納不同的東西。光是指出「它本來是什麼」是不夠的。

二〇一九年LunarFest的四個原住民燈籠，正是其中一個案例。這些原住民藝術家必須回到自身的文化脈絡去爬梳素材，而這個故事必須能和當代的溫哥華對話，無論是和地景對話，還是和其他族裔的文化對話，以扎實的論述為基礎，透過創作去表達與天人物我的「關係」。

這是在溫哥華的實驗，那麼在台灣呢？是不是也可以找到某種方法，讓不同族裔的文化交融，變成因為台灣才會發生的多元樣貌？創造只在台灣看得到的農曆新年？

為了找出這些疑問的答案，ACSEA不斷在台灣尋找文化共融與對話的可能案例。如果沒有，就利用策展，讓這樣的對話發生。二〇二〇年二月，LunarFest因疫情轉為線上展覽，其中一個節目以「圍爐」為題拍攝影片，邀集了住在台灣的泰國、越南、馬來西亞、印尼的新住民和移工，端出自己家的「圍爐」菜，發現彼此的飲食文化中都有類似火鍋的料理，也都隱含著團聚、過節的概念，但食材和烹調方式則大異其趣。當這些料理同時出現在農曆新年闔家團圓的餐桌上時，大家嘗試著交換食材和沾醬，立刻交迸出新的火花，出現了新吃法與新味道。然而，在規劃這些主題時，必須四處訪查，尋找故事，也尋找參與者，願意站出來說出自己的故事、並與其他不同文化的人交流。過程中往往會遇到堅持己見的人，只願意說自己的事、要別人看見他、認識他，卻不願意去認識別人。溝通的艱難讓吳權益體認到：「我們必須把自己放掉，去看看別人。如果喜歡別人的東西，就把它帶進自己的文化。像是沙茶，從南洋的『叻沙』流動到潮州，最後在台灣落地生根，成為人人都熟悉的沙茶火鍋。」（關於「文化圍爐」活動，更完整的討論詳見第九章〈用美食說台灣〉。）

台灣有原住民、移工、新住民，怎麼找到彼此間共同的文化？它可能需要一個媒介，把大家帶進來，幾年之後，它就可能成為一個新的文化資產、新的傳統。這些元素一直都在，有沒有人願意花心力去爬梳、去重新組合，探索它的可能性？

每個人都擁有自己的文化資產，然而，大部分的人對自身擁有的文化資產並不熟悉，對其他族裔的文化資產更是陌生。這種「空白」，在ＡＣＳＥＡ招募人才時，感受特別明顯。吳權益說：「二十年來，我們常常要面試實習生和志工，從他們的回答可以看到，所謂的『文化資產』，在他們身上就是一片空白，他們沒有任何論述。他們承襲的知識就是刻板印象，爸媽怎麼講，他就接受什麼，沒有進一步去探索、去思辨。」

打破陳舊框架，台灣不應該有固定的樣板

這種對刻板印象不假思索的全盤接受，就是「跟祖宗借樣板」。這些樣板包括農曆新年的大紅燈籠、舞龍舞獅、珍珠奶茶、夜市。樣板的清單可以無限羅列，但，這些東西和別的族裔有什麼不同？越南也有舞龍舞獅和花燈，中國也有大紅燈籠和紅包，夜市更是亞洲大多數國家共有的經濟型態，而珍珠奶茶全世界都在喝。台灣的特殊性是什麼？不一樣在哪裡？必須深入、清楚地去說明。

「難道因為我祖宗的樣板和你祖宗的樣板不一樣，把這些樣板都擺出來，就是多元文化？不是『我出生時就存在的事物，就是我的一部分』，這樣談太淺了。要談的是『我出生時這些東西就存在了，是我的一部分，而它們和其他文化之間的關聯性是什麼』。」ACSEA在策展時，並不滿足於淺薄的「陳列」，他們提出更深入的思索：祖輩的文化，有許多是被時代遺忘、塵封在歷史中的觀念，這些文化代代相傳，在你我的生活之中隱隱流動。我們必須思考，如何在今天這個時代去講述祖先那個時代的觀念？這些觀念跟其他人又有什麼關聯？

過去，文化領域的從業人員關注的是塑造「經典」，主觀地希望其他人「認同我在做的事情」，去感受這些經典曾經的偉大、歷史的縱深，其中隱含的意識形態是「我的理念好棒」。

塑造「台灣之光」，背後運作的也是相同的邏輯，也是在打造刻板印象。

在加拿大的台灣人經常會說「台灣是最好、最美的」，可是有些人參與台灣文化節後，卻因為看不到他們記憶中的台灣而感到失望，向他們反映「台灣不是這樣的」。「講這句話時，那個人已經決定了台灣是什麼樣子。」吳權益說：「但我們的好跟我們的美應該是探索不完的，永遠都有辦法持續去發現，而不是停留在某個人人生經歷的某一段。我來看的話，台灣最美的風景是因為我們有希望，可以想像更多的可能，那個才是最美的。」

為了讓台灣文化節走得長遠，ACSEA每年總是會更新策展主題，不迎合刻板印象，尋找能夠與當地連結的人事物，不少展出的故事或表演可能連台灣人都不甚熟悉，導致ACSEA時常收到台灣社群內部的聲音，認為展覽的內容太過陌生。

我們對台灣的想像是什麼？是不是我們自己的想像太小，也侷限了台灣的可能性？

長年與台灣的藝文界接觸，吳權益覺察到，許多人會自設框架，最後反倒讓自己綁手綁腳。台灣當然也有企圖改變的人，但他們往往為了衝撞固有框架而耗盡心力，最終還是不得不回到自己的小圈圈，默默耕耘。衝撞框架被視為挑戰，而挑戰又被認為是在「得罪人」，導致許多台灣人雖然有心，卻因為「怕傷了和氣」，選擇固守在舒適圈裡。

這之間究竟要怎麼找到那個平衡點？ACSEA常在這樣的糾結中來回拉扯，不斷自問：「到底做這個活動的目的是什麼？」

「我們沒有要幫你決定『什麼是台灣文化』，也沒有要說服誰去承認『台灣No.1』、『台灣最了不起』。」吳權益說：「台灣文化節可以給這些年輕人一個起點，開始學著問問題、學著探索答案，給自己空間，不要受限於任何人。」這也是辦文化節的初衷：「你可能沒看過這個，那我們帶你去看看；你可能沒聽過這個，我們帶你去聽聽。這些可能會引起你的好奇和注意，改變你原有的想法。」

也許，不要把它看成推介經典、大師的「文化節」，只要把它當作一個窗口，從台灣的角度去認識你我身邊的故事，就可以了。

拋開刻板印象與框架，拋開「台灣之光」，我們可否一起來想想台灣文化究竟是什麼模樣？

金紙不能做咖啡杯墊嗎？

二〇〇九年，為了籌備隔年冬季奧運的「燈籠森林」，ACSEA和台灣工藝研究中心合作，預先安排了幾位台灣藝術家到加拿大參訪，讓這些藝術家初步認識當地文化，再回頭思考如何透過燈籠創作與加拿大連結。吳權益帶著他們到溫哥華島走走，拜訪陶藝家波琳達・瓊斯（Belinda Jones）和鐵雕工藝家麥可・傑提科（Michael Jestico）。這兩位藝術家在島上一起經營餐廳，餐廳旁設置了一間小藝廊。傑提科的代表作之一是雌雄同體的「維特魯威人」（Vitruvian Man），他以達文西的「維特魯威人」畫作為基礎，換上了基督受難的頭像、胸口長著壯碩的女性乳房。達文西透過雙手張開的全裸男體詮釋「完美的人」，傑提科則用這個典故探討「上帝以自己的形象造人」、「耶穌受難釘十字架」、「完美的人是否不分性別」等命題，刺激觀者思索今日基督宗教文化中習以為常的性別觀與身體觀。此外，他們長期透過社區行動和創作對社會現狀提出反思、盡自己的力量解決社會問題，比方輔導社區中不被主流價值認可的反叛少年透過創作表達自我。餐廳附近有三間不同教派的基督宗教教堂，偏偏藝廊匯集了許多「不乖」的孩子，展出的作品又離經叛道。但是他們並不理會教堂的反對，堅持著他們的藝術理念。

傑提科詢問面前這群來自台灣的藝術家：「你們在台灣做創作，有沒有什麼會限制你們的思維？」

「沒有啊，台灣是個民主的國家，我們什麼都可以做，沒有什麼限制。」

「噢不不不，我的意思不是民主不民主，我知道台灣是民主國家，我的意思是，有沒有什麼是你平常沒有意識到的界限？比方說，我們這裡有三間教堂，因為許多鎮民生活在三間教堂圍繞的環境下，思維就會受到教會的限制，而不敢或不願意去做某些教會不認同的事。」

其中一位台灣的原住民藝術家說，他的父親是牧師，從小在教會長大，但他認為教會沒有給他任何限制。傑提科又追問：「那你們族裡的文化傳統呢？是否有些禁忌是在創作時不能碰的？」原住民藝術家表示，這些無形的框架並不會侷限他的藝術創作。

和傑提科告別後，一行人來到一間藝術咖啡廳休息。咖啡廳的牆上掛滿了畫，風格獨具，眾人聊著天，原本氣氛悠閒愉快。當咖啡一端上桌，竟讓台灣藝術家大驚失色：「這是什麼？！你怎麼會給我這個東西？！」吳權益定睛一看，原來每杯咖啡底下都墊著一張台灣拜拜用的金紙。店主人解釋，他是在某個跳蚤市場看到的，覺得非常漂亮，就買了一大疊回來。

當參訪行程回到溫哥華，正逢溫哥華市區的史丹力公園（Stanley Park）有大量樹木因為風災斷裂倒塌，溫哥華公園局安排了一批本地的藝術工作者進駐，利用倒地的樹木進行創作。吳權益安排相關人員幫忙帶這群台灣藝術家到公園參觀，和正在創作的當地藝術家對話，他自己則充當翻譯，幫忙傳達創作者的理念。然而，這些台灣藝術家都在忙著拍照，沒有人仔細去聽當地藝術家在說什麼，遑論透過這些接觸認識對方、進一步互動交流。

「我們該如何去看待這樣的事件？是要責怪覺得金紙很美的店主人不尊重別人的文化？或是將它視為藝術創作的自由？我們有沒有試過把這些比較忌諱的題材，當作是另外一種文化的表達？」

吳權益不禁感嘆，台灣人習慣帶著自己的本位主義行動，金紙的禁忌也好，對「趕快先拍照」的執著也罷，這樣的心態會讓人錯失許多學習的機會。台灣人渴望被看見，卻忘記理解應該是雙向的，在說之前，應該先學會聽，才知道該說什麼、怎麼說。如果帶領民眾認識文化藝術是藝術家的責任，這群藝術家能將多少加拿大的見聞帶回台灣、傳遞給台灣民眾呢？

這一路下來的見聞，讓吳權益反思：「ACSEA在籌辦台灣文化節時，是否也受限於某些無形的限制？這些限制是否影響了我們論述台灣的方式？」

「我們在每一個節目上，都希望能帶出一個角度，是你可能沒有想過的。」吳權益表示，這麼做是為了和其他族群做出區隔。在加拿大，人口數較為龐大的亞裔社群，如中國、韓國和日本，經常都使用刻板印象來行銷自己。可是，台灣如果也受限於本位主義、停留在宣傳刻板印象的層次，就很難具備辨識度。ACSEA得出的結論是：要行銷台灣「不能停留在表面，要往裡面去挖」。

跳出自身原本的框架，試著從對方的審美與讚賞中，去找到彼此之間的連結，才能夠練習用對方理解的角度去表達自己。

逼自己思考「我哪裡錯了」

除了要不斷拓展廣度，自身的深度也很重要。我們來試著問自己一個問題：「我認識自己的文化嗎？」身為台灣人，真的熟悉台灣嗎？

每次走進台灣文化節的活動現場，吳權益都會問自己：「我認不認識眼前的這個文化？這是我的文化，為什麼我會覺得這麼陌生？我以前是怎麼看待我自己的文化？」

這幾年，吳權益開始做一個思考練習。透過不斷詢問自己「以我過去的認知，我會無法回答的問題」，可以讓議題的討論更具開放性，迎接各種不同的觀點。

有時明明知道事情的發展看起來是往對的方向前進，但他會提醒自己，這可能是慣性框架下的思路，跳脫慣性，將視角的高度拉得再高一些，視野開闊了，做事的格局就會完全不同。

碰到「一個中國」原則也是。當「台灣作為國家」的立場與加拿大的官方態度有衝突時，他不會說「好，那我們都不要做了」，而是去想辦法釐清「這個衝突是什麼、從何而來、目的是什麼」，透過對話、透過聆聽，理解對方，反而可以拉近彼此的距離。「人類會本能地避開衝突，這很正常。但我們必須研究彼此間究竟哪裡不一樣，然後解決我們彼此間的認知差異。」

近年來，ACSEA捨棄邀請現成的節目，每一次都針對當年度的展題去從頭規劃、製作節目，目的就在於要「創造議題」，邀集各種不同背景、專長的藝術家，藉由每一個節目、每一次致詞，說出發自肺腑的真心話，讓這些真心話交織出一個議題的多種面向。

另一個角度：中國味也是台灣的一部分

在表達自身文化的過程中，ACSEA常常被合作方視為「華人」，傾訴北美古老的華人移民故事，比方建鐵路、挖煤礦，對加拿大經濟助益良多；或是原住民被歧視時，華人挺身而出，幫助原住民去爭取權利、和原住民一起去打仗。被納入這些文化論述時，台裔心中難免會產生拒斥感，心頭響起「你是不是要來統戰我」的警鈴。台灣文化節與康布蘭（Cumberland）的合作經驗，就是一個典型案例。

康布蘭位於溫哥華旁的溫哥華島，是加拿大第一批華人移工落腳的地方。在十九世紀末至二十世紀初，是北美最大的華埠，曾有三千多名到加拿大挖煤礦的華工在此生活。溫哥華島的面積和台灣一樣大，擁有豐富的自然資源，目前島上的人口不到一百萬，是一座地廣人稀的島嶼，以湖光山色、礦產和滑雪勝地聞名，也擁有歷史悠久的原住民文化。但此處最特殊的地方，就是康布蘭作為華埠的歷史。

在歷史照片中，康布蘭的華人聚落原是密密麻麻的木造平房，一九三五年時發生了一場大火，整個聚落付之一炬，只剩下斷垣殘壁。曾經繁華的市鎮已回歸自然，而今變成一片森林。當ACSEA來到康布蘭，第一個映入眼簾的人工建築物是一面寫著「冚巴崙唐人埠」的牌子。當時的華人移工大多來自廣東，冚巴崙即「Cumberland」粵語發音。牌子中間的小字寫著「華工一小時一元，其他工人一小時四元」。當年的種族歧視就這樣赤裸裸地擺在眼前。

當地還曾設置了「中國國民黨分部」。這棟歷史建築的主體結構已經不存在了，只剩下立面，為當地的歷史脈絡留下見證。

在加拿大，過去並沒有明確區分中國人和台灣人，台灣文化節的活動內容如廟會、燈

籠、龍舟等，也很容易被認為是中華文化。「彷彿冥冥中『華人的歷史』將我們拉到了這個地方。因為『華人』這個基礎，讓康布蘭的社群對台灣文化節產生興趣。」吳權益說。

台灣文化節曾於二〇〇三年在溫哥華展出林玉珠老師的十二生肖花燈。康布蘭現在的居民因為這段華埠歷史，對這個主題產生了濃厚的興趣。在康布蘭當時的副鎮長兼市議員萊斯里·貝爾德（Leslie Baird）邀請下，吳權益的團隊帶著這批花燈前往康布蘭展出。

貝爾德後來成為康布蘭鎮長，那次的合作經驗讓他印象極佳，也因此

對台灣滿懷憧憬。在貝爾德的引介下，ACSEA開始慢慢認識康布蘭的當地社群，進一步了解過去的移工歷史。康布蘭居民雖然以白人為主，對這片土地的熱愛卻是極為濃烈而有感染力的，他們將過去這些華工的歷史視為自己的一部分。事實上，康布蘭作為華埠的一切，在現在的社區中幾乎不存在，只剩下一些華工後代開設的餐廳和小商鋪，其他線索都只能在博物館中憑弔。

康布蘭是一個很小的小鎮，居民不到三千人。每年五月天氣回暖，康布蘭都會舉行帝國日（Empire Day），為慶賀「五月女王」的加冕進行「歸鄉祈禱遊行」（Homecoming Pray Parade）*，一行人在大街上一面走一面祈禱，康布蘭的規模小到十五分鐘就能走完整條主街。當地的生活型態也很單純，除了日常作息，晚上喝酒喝到醉、冬天滑雪，就是這裡最大的娛樂。

在這座純樸的小鎮中，「恢復過往」的回溯行動成了全民運動。近年來有一些新移入的藝術家在這裡開餐廳，他們用鐵打出中文字，放在餐廳的牆面上做裝飾，呼應這裡曾為華埠的過往。此外，當地也有農曆新年的慶祝活動。有一個台灣家庭，自己用布縫了一條龍，過年時便將這條龍拿出來遊行，全鎮都很開心地參與。

第一次在康布蘭舉辦燈會時，展覽形式非常簡單，只是將林玉珠老師的十二個生肖小花燈擺在桌上，沒想到卻吸引了上萬人前來排隊參觀，連附近城鎮的人都蜂擁而至。整個康布蘭對中華文化如痴如狂，彷彿能在其中找到祖先的生活痕跡。

「在康布蘭燈會中，出來當義工的當地居民年紀都非常大了，大概七、八十歲，他們都是這輩子第一次出來當義工。」除了義工和參與者的熱情投入，在康布蘭的展覽是不收費的，現場僅接受自由樂捐，竟意外募得了一大筆款項。這次的豐碩成果讓康布蘭連續數年都邀請吳權益的團隊繼續辦展。

台灣的天燈也曾出現在康布蘭。當地對這個活動十分支持，連續放了幾年的天燈。第一次放天燈的時候，只準備了十幾個，沒想到竟湧入大約兩千名民眾圍觀，大受歡迎，後來還向台灣採購了一大批天燈去燃放。

吳權益回憶：「通常放天燈會有引發火災的疑慮，但康布蘭的冬天非常濕冷，雖然那邊都是森林，卻濕到天燈掉下來也燒不起來。即使如此，當地的義消還是會開一輛消防車過來待命，大家一起很開心地看著天燈，一枚一枚地升上天空。」

看見康布蘭居民的積極投入，讓ACSEA意識到：無論是中國人、日本人還是台灣人，最後都會留下一些記憶給當地。這些記憶到底是什麼？是否應該停留在過去的時光？

* 註釋：「五月女王」是大英帝國古老的傳統習俗，認為五月女王是春夏的化身，在五月舉辦節慶，迎接溫暖明媚的季節。「帝國日」是五月二十四日，維多利亞女王的生日。一九〇一年維多利亞女王去世後，為歌頌維多利亞女王執政時期，締造了大英帝國領土跨越四分之一個地球的榮耀，於一九〇二年起於女王生日當天進行慶祝活動。康布蘭將兩個節慶合而為一。

這些中國移民的早期歷史，是加拿大歷史中很重要的一部分，也成為康布蘭居民自我認同的一部分。但是，台灣人要如何在這種微妙的關係中與當地社群進行對話？對於這些問題的思考，引起了ACSEA在內容規劃上的質變。

在與康布蘭合作的這幾年中，康布蘭的居民組成也有一些變化。有些住在鄰近都市的人，因為偏愛小鎮的生活品質、考慮到孩子的成長，陸續遷入康布蘭，康布蘭因此逐漸年輕化，政治參與者的結構亦隨之變動。隨著ACSEA的活動在康布蘭聲量日隆，不但擁有高度的民眾基礎，也讓電台、電視媒體鋪天蓋地的報導，這樣的現象引起了中國政府的注意。

其中一任市長便因為這個緣故，被邀請到中國參訪，還從湄洲請了一尊媽祖回來，放在康布蘭的博物館裡。ACSEA感受到有其他勢力試圖干預，事情不再像過去那麼單純，便慢慢疏遠。

這段經驗給了ACSEA一個警惕：加拿大其他社群對「華人文化」的刻板印象太重，如果依照康布蘭居民的期待繼續合作策展，團隊的策展成果可能都是在幫中國做宣傳，勢必要在主題和文化論述上與中國做出更明確的區隔。當策展方向轉向討論新的議題，不再著墨「中華文化」，康布蘭就顯得興趣缺缺，ACSEA也順勢淡出。

貝爾德也很明白，康布蘭的人口規模太小，無法支持ACSEA持續擴大的策展規模；而ACSEA策展方向的轉變，也與康布蘭居民期望看到的內容不同。雖然漸行漸遠，ACSEA和貝爾德的關係仍然很好，每次ACSEA在溫哥華舉辦活動，貝爾德都會特地飛到溫哥華參與、支持。他最常說的口頭禪是：「我這輩子最大的心願是去台灣。」

雖然與康布蘭的合作關係暫時結束，當地有些題材還是值得進一步探索。比方康布蘭曾經存在過的「中國國民黨黨部」、當地華工對民國革命的捐款支持等，也許可以和台灣的移民工族群連結、對照。

台灣的文化論述是否非得避開「中華文化」不可？ACSEA過去曾邀請九天、十鼓等民俗技藝團隊赴加拿大演出，以演出效果而言，當時覺得這些民俗藝術「好像跳脫不出中國味」，要解釋這些民俗為什麼是台灣而非中國，似乎有點困難。但過了一段時間的沉澱，吳權益想通了一件事：「中國味也是台灣的一部分。」要釐清的是：看起來中國味很濃，但台灣土地上存在的中國味，和中國有什麼差異？不能僅僅講述這是過去中國移民的原鄉文化，也不是台灣以前的生活型態，而是要說明，這些隨著移民來台的民俗活動，現在如何在台灣這片土地上生生不息。

以雲門為例，它讓國際初次驚豔的舞碼是《白蛇傳》，這是一個很中國的題材，但舞蹈的身體型態是受美國啟發、在台灣發展出來的現代舞。要從雲門的《白蛇傳》去認識台灣的文化，就要理解一九七〇年代，台灣在文化上如何認知中國、詮釋中國。那個時候，對台灣的「外省人」而言，中國是理所當然的母文化，而當代藝術家的責任是要找到新的語彙去詮釋。以雲門舞集為例，它表演美學可以說是在台灣生成的，但直到最近這幾年才推出了《稻禾》、《關於島嶼》等以台灣為主題的作品。如何說明雲門與台灣這片土地的連結性，是面對國際社會時的一大挑戰。

在加拿大這片土地上，ACSEA一直在想辦法找出台灣文化與其他族裔之間的關係，打造多族裔共同發聲的平台，讓自己被加拿大社會所需要，不只是讓別人「認識台灣」，更是持續推進的「扎根」工程。

加航事件：台灣要結盟或樹敵？

二〇一七年，加拿大航空適逢成立八十週年，有意進一步擴大加航的國際能見度，開闢新的航線。加航早期曾有直飛台灣的航線，但已斷航多年，不過二〇一〇年起，台灣旅客可以免簽入境加拿大，讓台灣旅客逐年增加，於是加航決定於二〇一七年六月恢復台北和溫哥華的直飛航線。為了宣傳復航，加拿大航空在當年贊助台灣文化節，期待更多台灣人能夠選擇加航。

二〇一八年，加航復航近一年，有台灣民眾在訂票時發現，加航網站將台北改名為「中國台北」，引發爭議。事發後，許多台灣僑胞義憤填膺，告訴ACSEA，不應該讓矮化台灣的企業繼續贊助文化節，甚至到加航辦公大樓抗議，發起抵制。吳權益坦言，現實狀況其實是文化節需要加航的資金贊助，於是他們開始思考，有沒有其他方式可以表達台灣社群的意見。

比起中國與加拿大之間的航線，加航在台灣的站點和班次都很少，客群規模也比中國小得多，如果直接向加航抗議，恐怕不是最有效的方法。「雖然我們叫台灣文化節，但我總說我們是一個加拿大的組織，這是一個加拿大的活動，我是不是也應該在意加航的利益？加航的員工生存、加航的航線等等，我是不是也應該關懷？」回歸初衷，ACSEA不是只為了說台灣想說的話而辦活動，更要搭起台加之間的橋梁。

他先是和加航的人員溝通，發現他們也都希望可以不用屈服於中國政府的施壓，但卻身不由己。了解他們的苦衷後，ACSEA不再將加航視為對立的敵人，反而決定為他們發聲。「我們提議：我們應該站出來，把壓力給加拿大政府，請你站在企業的前面，去挑戰中國政府，不要讓企業單獨面對這樣的壓力。」因此，ACSEA和加航依然保持友好關係。

只會喊「台灣不是中國的一部分」是沒有意義的。台灣社群小，如果不爭取更多盟友，難以對抗中國勢力。吳權益表示，這後來成為他們面對中國政策的一貫做法。當香港議題出現時，吳權益也聯合香港社群一起向國會議員表達意見，試圖影響政府的政策。

不只是與中國議題相關的社群，ACSEA合作的組織種類也十分多元，包括環保、醫藥、長照、公益組織等，他們提供台灣文化節這個平台給組織曝光，同時也希望組織認識台灣。二〇一六年開始的「與亞洲對話」系列，至今已經連結了香港、日本、菲律賓、越南和韓國社群。吳權益說，萬一有天有政治壓力要台灣文化節離開溫哥華市中心，他知道這些組織和社群及支持這種對話方式的人，都會和他們站在一起，這是一種自我保護的方法。

每一次集結其他社群的盟友都是在養兵、練兵，利用台灣這個平台去聚集懷抱相同理念的夥伴，形成一股可觀的力量，甚至成為一場運動，讓台灣不再孤立無援、單打獨鬥。

第三章

文化如何行銷：品牌經營對ACSEA的啟發

在溫哥華冬奧之前，吳權益一直以為，只要盡量讓展演活動的規模擴大就可以提高影響力。在這個邏輯下，台灣文化節曾找來五月天、伍佰等知名音樂人，以為只要有名人來參加，就可以帶來很多觀眾。幾次經驗下來，吳權益明白，那些為了名人、偶像而來的觀眾，不見得認同台灣文化節的宗旨，台灣文化節也無法帶給這些觀眾更多的價值。「當偶像離開之後，台灣文化節還剩下什麼？」

活動規模與觀眾參與人數是個誘人的迷思。若將文化節視為品牌，要將這個品牌的價值建立起來，要做哪些功課？思考方式要怎麼轉換？二〇一〇年溫哥華冬奧的這場品牌戰，讓吳權益上了寶貴的一課。

「我最喜歡賈伯斯講的：『求知若飢，虛心若愚（stay foolish stay hungry）。』他可能不是最聰明的人，但他是最會整合的，整合之後就變出新的東西，改寫一個時代。」受到賈伯斯啟發，吳權益連續多年參加了在芝加哥的「贊助者研討會」（sponsorship conference），所有大企業的品牌經營者都會集中在這裡，從彼此的經驗分享與討論中思考，要怎麼透過贊助活動建立品牌價值、獲得消費者認同；或是反過來，討論活動要怎麼做才能吸引到贊助。

向可口可樂取經：用環保理念來賣汽水

對吳權益而言，找資源是他最重大的責任，要確定有錢、有資源可以帶給ACSEA繼續前進。在贊助者研討會中的學習，讓吳權益徹底改變了「看的方法」。在贊助者研討會中，溫哥華冬奧、倫敦奧運，都是被提出來仔細檢討的重要案例。

奧運作為全球矚目的焦點，贊助商如何在奧運中露出，可說是品牌戰的殿堂之爭。品牌印象的形塑，如何轉換成消費者對品牌價值的認同感，是品牌戰輸贏的關鍵。在奧運舉辦城市，除了奧委會給予贊助商的官方曝光資源，也有各種擅長游擊戰的行銷公司，不斷想方設法殺出重圍，爭奪觀眾的眼球。畢竟，觀眾只在意自身的體驗好不好，這些企業品牌是否為奧委會認證的「正規贊助商」，不是觀眾關心的事情。為了與這些游擊戰力爭勝，讓奧運贊助商必須為觀眾打造充滿驚喜的體驗之旅。

溫哥華冬奧的「正規贊助商」之中，最受讚譽的是可口可樂與全球家庭用品大廠寶僑（Procter & Gamble，簡稱P&G）。可口可樂的策略是「逆向操作」，作為全球最大的寶特瓶製造商，環保是可口可樂最受世人詬病的問題，可口可樂的策略是「翻轉爭議」，透過奧運告訴世人，它不僅僅是全球最大的寶特瓶製造商，也是世界上為解決寶特瓶問題投入最多資源的企業。

在奧運會場，可口可樂設計了一座規模巨大的環保教育遊樂場，藉由一連串的互動式電腦遊戲，展現可口可樂努力回收寶特瓶的種種措施，提醒玩家愛護地球的重要性。此外，透過遊樂場的動線設計，可口可樂讓排隊入場的民眾一定要經過一座小型博物館，其中陳列著歷年來的奧運聖火火炬；可口可樂的品牌以「為人類帶來更多幸福快樂」為目的，呼應著奧運利用聖火傳遞希望與快樂的理念。經過聖火火炬博物館，進入遊樂場，這個動線設計訴說的訊息是：「我們一起追求幸福，也肩負解決問題的責任」。

至於專門賣洗衣精、洗碗精、牙膏的寶僑，這是他們第一次贊助奧運，卻巧妙地將世界級的體育賽事，轉變成向主要客戶表達感謝的全球行動。作為霸主級的家用品製造商，他們的客戶主要是婦女，便將奧運品牌戰聚焦在「母愛」這個主題上，喊出「Thank You, Mom」這個口號。品牌要說的故事是「每個成功的運動員背後，都有一個偉大的母親，她為照顧家庭生活所做的付出，是我們生命中最需要感謝的人。」寶僑連結了旗下三十四個品牌，一起呼籲世人「向母親表達感謝」，透過奧運平台，傳達該品牌希望能觸動人心、改善生活的理念，引發許多參與者的共鳴。這個策略大獲成功，讓寶僑持續贊助奧運，直到二〇一八年的平昌冬奧，寶僑仍以「感謝母親」作為品牌形塑的主策略。

不做賣場，文化行銷可以怎麼做？

台灣起家的宏碁，在二〇一〇年的溫哥華冬奧中，呈現的是一個規模龐大的3C展覽館，像是一個大賣場，展出宏碁的電子產品。在這場品牌戰中，吳權益觀察到，大眾對宏碁的印象，本來就離不開3C；在奧運這座聖殿上，宏碁給參與者的印象，仍然只有3C，而且未能引起注意。

作為台灣在國際舞台上第一個獲得成功的品牌經營者，宏碁曾經對於進軍奧運有著宏大的企圖。二〇〇七年七月，宏碁宣布重金贊助奧運會一點二億元美金，贊助對象包括二〇一〇年的溫哥華冬奧，以及二〇一二年的倫敦奧運。宏碁董事長王振堂在媒體採訪時表示，希望能夠藉由奧運，讓宏碁在北美市場取得更好的發展。吳權益推測，宏碁會做出如此大膽的決定，是因為看到競爭對手三星在二〇〇二年的美國鹽湖城冬奧，以及二〇〇六年的義大利都靈冬奧的表現，以及後續取得的品牌效益。

然而，在這次的經驗之後，宏碁不再贊助奧運。贊助奧運的績效評估是一件很複雜的事，宏碁實際上是根據哪些指標進行內部評估，我們不得而知。可以確信的是：在贊助者研討會中，宏碁的奧運贊助績效敬陪末座，贊助奧運並沒有為宏碁帶來預期的效益。

可惜的是，宏碁基金會於冬奧期間額外贊助的「燈籠森林」，實際上締造了極佳的品牌形象。在燈籠森林的活動現場設有一支標誌著「Acer」的醒目燈柱，扣合「燈籠森林」的活動意象，這根燈柱是奧運期間的地標，參觀燈籠森林的人們會相約在此集合。宏碁也許是沒有看到它為品牌帶來的潛在效益，自溫哥華冬奧之後，就沒有繼續支持ACSEA，以及自「燈籠森林」延伸的LunarFest。然而，燈籠森林不只是當年度十大受歡迎的冬奧藝術節節目，在LunarFest持續舉辦十年後，已是加拿大東西兩岸規模最大的農曆新年盛會。

宏碁沒有意識到文化影響力對於品牌效益的巨大加分，也沒有從溫哥華冬奧中記取教訓，而是在二〇一二年的倫敦奧運中，再一次以大型3C展覽館的形象現身，也再一次的，未能博取參與者的重視。

宏碁在溫哥華冬奧的表現，留給ACSEA很大的警惕：在品牌戰的戰場上，提出價值，比推銷商品更重要。效益的評估，不只是帳面上可量化的金錢，還有很多其他無法量化的資源。以可口可樂為例，透過它的商業規模，可以讓這些大型活動變成音樂人及其作品的展場，讓優秀的音樂創作者被更多人認識。

奧運品牌戰的觀摩經驗，讓ACSEA知道：「原來『文化行銷』可以這樣做」！吳權益回台時也告訴當時的文建會，在推廣文化團體的時候，可以不要那麼害怕商業的東西，試著跟企業合作。在台灣，藝文工作者和企業界似乎涇渭分明、彼此無涉，有些藝術工作者甚至看到企業就反感，覺得銅臭味太濃。但從可口可樂、P&G的例子，可以看到商業與文化藝術之間靈活的合作模式。

「很多藝文界的人討厭商業，我完全懂。前面提到，和企業談贊助會遇到要我們做『中國市場』的壓力，因為我們很需要這些資源，就用暗渡陳倉的方式，一方面在他們想要的中國市場上幫他們施力，但是在其中也維持住我們想做的內容。」

文化可以變成一種潮流

「如果台灣文化可以被很多人討論的話，它的能見度一定會提升；如果只有台灣人在討論，那就只有自己講自己。」

在贊助者研討會上，除了奧運，還有幾個案例，對ACSEA後來的策展思路影響深遠。譬如說：

「十一鬍子月」（Movember）一個推廣男性健康的公益活動，由一群澳洲男士在二〇〇三年發起，他們相約於每年十一月留一個月的鬍子，以此呼籲大眾關注前列腺癌、睪丸癌和憂鬱症等與男性身心健康相關的衛教知識。活動的英文名稱「Movember」乃結合「Moustache」（鬍子）與「November」（十一月）的字首而成。「鬍子」是這個倡議行動的主視覺。從這個主視覺延伸，響應這個呼籲的企業、組織，各自展現許多精彩的創意行動，比方航空公司在飛機的機身畫上鬍子、運動員用一個月不剃鬚來支持倡議等等。「鬍子」不再只是一個視覺標誌，男性身心健康也不再是死板板的衛生教育，它已形成一股風潮，加入它，就是「潮」。

這股風潮的起點是社交媒體。創辦人曾經在研討會的演講中分享，在倡議推動之初，有間刮鬍刀公司找他，希望能提供一百萬元的贊助。過去的廠商贊助很習慣製作一張大金額的道具支票，雙方拿著這張支票拍一張合照作紀念，就結束了。但創辦人想到另一個更好的方法，他對刮鬍刀公司說：「我不要你來捐一張一百萬的支票。你的員工很多，我希望你找一萬個員工，每個人給他一百元，讓他們在社交媒體上貼文，說自己為這個活動捐出一百元。一張一百萬的支票是一個故事，但一萬個員工去貼文，就是一萬個故事。這一萬個故事，可以讓這個倡議擴散出去，在社會上形成省思的力量。」

十一鬍子月很快就聲名大噪，募款的速度和金額，讓美國銀行（Bank of America）與美國癌症協會（American Cancer Society）這類老字號的衛教倡議者難以望其項背。到底是什麼魔法，讓十一鬍子月可以不用理會傳統，集結起大眾的力量？看到十一鬍子月的案例，讓吳權益非常興奮，原來可以不用理會前人的慣例，拋下過去的包袱，只要專注思考未來就可以了。「以前如何如何」對ACSEA而言，不再是束縛，只是參考資料。

另一個「擴散」的經典案例是「Product Red」。Product Red由愛爾蘭搖滾樂團U2的主唱波諾（Bono）與防治非洲愛滋公益組織（DATA）組織主席鮑比．史瑞佛（Bobby

Shriver）共同發起，為全球防治愛滋病、結核病和瘧疾基金籌款，合作夥伴包括授權美國運通、蘋果公司、Converse帆布鞋、摩托羅拉、流行服飾品牌Gap與Armani服飾等，比方蘋果的「Red」手機就是其中之一，銷售獲利的一部分會捐贈給「Red」的全球基金。

在美式足球超級盃中，美國銀行提供「Red」贊助，買下幾百萬元的廣告。這個計畫是讓大家在贊助期間免費下載波諾的歌曲，一個下載就捐一元美金給「Red」，在短短二十四小時內，即達成兩百萬人下載的紀錄。即使波諾再有名，也不可能在這麼短的時間內創造兩百萬人下載作品的紀錄。這個價位的廣告也不是以他個人之力可以負擔的。

「Red」與美國銀行針對「美國人有義務拯救世界」的心態，設計了這個活動。活動獲得熱烈迴響，宣傳了「Red」的公益倡議、宣傳了波諾，也宣傳了美國銀行，讓負責出錢的美國銀行付錢付得很高興。

「文化可以不只是讓人欣賞藝術，文化有力量，可以促使很多事情改變。台灣的文化人是否有這個目標？還是只會渴望『我的創作要被人看到』？前面提到本位主義，如果藝術家在創作時，總是很主觀的要人家去接受『我的東西』，那個主觀就限制了我們自己被更多人看到的可能。」這些案例讓吳權益與ACSEA在策展時將「資源連結」視為大前提：台灣文化有哪些精神可以和別人的價值與理念銜接？公益的力量如何與文化藝術相互加乘？在整個生態系中，如何讓贊助的企業將效益發揮到最大？

思考的持續轉向、觸類旁通，ACSEA持續不懈的嘗試，幾年下來累積了不少經驗。吳權益也在贊助者研討會的圓桌論壇發表演說，分享「從不可能、不願意，到願意贊助台灣文化節」的歷程。「我們必須和各式各樣不同的組織接觸、合作。只有這樣，才有辦法去認識不同組織所代表的理念和意義，找出彼此的連結是什麼，然後，一起將力量發揮到最大。而且，對參與者、對聽說到這些事情的人，都要有啟發，並思考『我的觀點是什麼？』。不需要勉強去影響每一個人，去影響到思考者就可以了。誰是思考者？社會議題的推動者、文化人、藝術家，在國際上掌握話語權的人。」

文化行銷的「質」與「量」：發自內心的認同才能永續

吳權益將研討會中獲得的啟發帶回了加拿大，卻發現美國的品牌思維跑得比加拿大快很多，二者之間大約有五年左右的落差。若直接借鑑美國做法向加拿大企業提案，碰壁的機率很大。

以P&G為例，雖然P&G在奧運贊助上成果斐然，但加拿大分公司並未跟上總公司的腳步。P&G的加拿大分公司曾經是ACSEA的贊助者，在台灣文化節發放折價券、試用品，如口紅、衛生紙、漱口水等等，這類制式的贊助模式確實吸引了很多民眾，也成功讓人潮回流，每天趕著來到P&G的帳篷前，收集這些免費試用品。

既然發放的效果很好、人潮洶湧，P&G加拿大分公司表示，願意繼續贊助台灣文化節。此時ACSEA提議，希望台灣文化節所倡議的價值能在雙方的合作中有效且持續的發酵，結果無法達成共識。P&G認為，ACSEA拒絕P&G使用他們自己的方式進行贊助，是雙方無法合作的主因。吳權益說：「結果我們只差二萬塊錢，沒有談成。你要成為我們最大的贊助者，有這麼多的項目需要你開出預算、支持，才能進行。如果讓你繼續照慣例發折價券、發試用包，來的人就不見得是認同台灣文化節的人。這種做法就跟請五月天、伍佰來是一樣的。」沒有了高人氣偶像明星、沒有了小便宜可以貪，這些人還會來嗎？台灣文化節的意義與價值，還成立嗎？

雖然受挫的經驗很多，ACSEA也遇過不少企業願意聆聽訴求、能理解什麼是「軟性的價值」。在向加拿大政府申請補助時，ACSEA提出的論述也是軟性價值，而不是反覆強調台灣好棒棒、值得被補助。無論是企業贊助還是政府補助，出資者在意的是，你提出的價值與他們希望在社群中營造的願景是否具有共通性。這類共通的願景通常是抽象的價值觀，比方自由、和平、愛、永續等概念，而非量化的績效指標。

提出價值，不只是ACSEA的課題，也是台灣社群的課題。台灣社群存在於加拿大的價值是什麼？必須明確地說明這一點，才有可能說服贊助者、說服參與的觀眾。台灣人要自問的另一個問題是：「台灣的文化單位在推薦藝術團隊出國時，是否也思考過這些團隊與目的地的連結性？」還是只著眼於「將台灣之光推出去讓別人看見」？

想要企業贊助？我們要的是中國市場

在二〇一〇年的冬季奧運之後，LunarFest已持續舉辦了十年。頭六年都必須努力的說服企業、提供贊助。每次ACSEA來到多倫多，加拿大帝國商業銀行（Canadian Imperial Bank of Commerce）的贊助部門主管，都很樂意撥時間和吳權益討論，如何讓農曆新年變成加拿大的跨族裔節慶，像冬奧的燈籠森林一樣，成為只有在加拿大才看得到的文化饗宴。

帝國商業銀行是加拿大本地的銀行，贊助部門主管是位白人，原本很贊同ACSEA所提出的理念，希望能以冠名的方式提供支持。當他將這個合作案交給手下的華語市場經營成員，這些執行者的想法又是另一套：「可不可以不要講那麼多台灣？我們要的是中國人的市場。」除了對主題有意見，在做法上也難以溝通。他們認為不需要去談抽象的價值，只要發放折價券和試用品，就能吸引人潮、完成數字上的指標。每次開贊助會議，都是一場極為耗能的搏鬥，雙方無法達成共識，一開始談的方案也無法繼續推動。

吳權益無奈地說：「我不認為這是高層的想法。這些執行者多是來自香港的華人，他們的思維非常商業取向：『就是這樣，這樣就好了。』『給他們這樣就可以了。』不需要走那麼困難的路。所以我沒有辦法說服他們用更高價值的方式。」於是，合作三年之後，帝國商業銀行也退出了。

帝國商業銀行的例子只是冰山一角。二〇一七年，ACSEA和加拿大航空合作時，負責亞洲銷售市場的經理就是香港華人，ACSEA試圖和他討論台灣議題，但他卻認為這對銷量沒有太大幫助而興趣缺缺。加拿大航空也擔心，和台灣意識鮮明的

ACSEA合作，會影響到他們的中國市場。

四處碰壁的現實，讓ACSEA陷入很艱難的處境，贊助合作提案總是無法被順利採納，資金上十分吃緊。這個困境不只是錢的問題，更棘手的，是台灣族裔爭取不到自身的文化詮釋權。

吳權益十五歲移民美國，再輾轉移民至加拿大時，正逢一九八〇年代末、一九九〇年代初的香港移民潮。對「九七大限」的焦慮，使美國、加拿大、澳洲和紐西蘭，成為香港人移民的主要目的地。吳權益在北美的生活，與這批香港移民關聯甚深。

雖然一九七九年的「改革開放」為長年閉鎖的中國打開了門戶，從中國大陸移居北美的人數在二〇一〇年之前並不多，華語社群主要由香港移民和台灣移民組成。然而，台灣移民主要從事小型商業，較少耕耘文化層面，文化詮釋權大多掌握在英語能力和社會資本都較豐沛的香港移民手中。「香港移民擁有語言優勢，很容易進入到機構裡面，去談什麼叫『Chinese culture』。香港人也沒有把台灣當作『Taiwanese』，而是當作『Chinese』，所以長遠來看，就出現了一個現象——連台灣文化是什麼都必須要由香港人去詮釋。」吳權益表示，有在經營亞洲市場的公關公司或企業，大多都會聘用香港人。而政府首長如果有在亞洲文化社群耕耘，尤其是華人社群，也往往會聘請香港人擔任助理，近年來中國人的比例也在增加，但台灣人非常稀少。

除了詮釋什麼是「華人文化」，香港人大多信奉商業績效，凡事以最短時間、最少付出、獲得最大利潤為圭臬。他們對於華語市場的理解，就是「貪便宜」，只要用折價券、試用品等小恩小惠，就能奪得華語市場；而「價值」這種東西太空泛，華語市場不懂欣賞。

「此時我才明白，」吳權益說：「原來華語市場給加拿大企業的印象是這麼廉價（cheap）。」

吳權益感受到，無論是亞洲市場，還是亞洲文化，是在加拿大談「多元文化」時的一個盲點。理想上應該要鼓勵社群與社群之間多交流、在地化，但企業在與贊助對象洽談的時候，卻傾向「把少數社群趕回去他自己的角落」，希望社群維持過往的生活模式，因為這樣才方便做行銷。只要少數族裔限縮在「刻板印象」內，就可以繼續延續過去的工作流程，不需要花力氣進一步去考慮市場的改變。

換個角度看，沒有這些贊助商，ACSEA策展起來也少了很多包袱。比方說，

「LunarFest」這個詞始終都是以英文呈現，不用配合中國市場寫成中文的「中國新年」；也可以打破藩籬，和不同社群合作，包括原住民。既然華語社群的刻板印象難以打破，ACSEA乾脆轉向去找韓裔社群、越裔社群合作，韓裔社群也很高興，對吳權益說：「你們終於替我們韓國人出了一口氣！我們在這邊悶很久了，每次過年都被說是『Chinese New Year』。」

ACSEA一直試圖對加拿大發聲：「我們的多元文化需要進入二〇〇。」意思是，不能再將少數社群視為分散、封閉的獨立聚落。這個概念現今已經開始被加拿大接受。在和溫哥華旅遊局合作的過程中，溫哥華旅遊局就看到了ACSEA的宗旨：「原來你們做的東西沒有那麼亞洲，卻又在亞洲的慶典中出現。這就是『加拿大的』多元文化產物！」

除了加拿大，ACSEA也曾試圖將觸角向美國拓展。吳權益曾與洛杉磯台灣會館的人員會面，商討台灣文化節在洛杉磯的籌辦事宜。洛杉磯台灣會館固定發行《台灣日報》，有幾間長期在《台灣日報》下廣告的公關公司，如果能邀請這些公關公司在洛杉磯的台灣文化節舉辦期間投放廣告，將有助於籌措資金，便聯繫各家代表會面。台灣文化節在溫哥華的影響力卓著，大部分的公關公司都早有耳聞，也很樂意和ACSEA合作。

令吳權益錯愕的是，其中一間紐約的公關公司竟然建議：「『你們這個有沒有考慮改成中華文化節？台灣太小了！』那間公司還有少數主管是台灣來的呢！」

吳權益並沒有當場反駁這位主管的意見。「這種問題迫使我們去思考怎麼超前部署，在他還沒有問這個問題之前，我們就要告訴他『為什麼是台灣』。」如果等到對方提問再去解釋，往往會被貼上「台獨」、「不願意承認中國」的標籤，對話難以繼續進行。他當下選擇用另外一種方式回應：「台灣最大的旅遊客源就是中國。你看，有那麼多中國人都想來台灣，為什麼呢？就是因為它叫『台灣』，如果它叫『中國』，他們可能就不想去了。」吳權益嘗試用創意說服對方，台灣具備獨特的魅力，當中國人來到台灣文化節，看見其中有一些讓他們感到熟悉的中國元素，會更讓中國人為此驕傲、滿意度更高。

「當然我心裡不是這樣想的，我只是希望他們不要叫我們改名。」即便ACSEA在文化圈長期耕耘，已具有相當聲望，但文化詮釋權依然掌握在這些大型企業和媒體手中，他們對大眾具有主導性的影響力，遠大於文化圈。

後來，吳權益在和企業接觸時，總會備妥許多數據去說服他們：台灣作為品牌，在亞裔社群中已有相當大的市場規模，不需要依附在中國之下；除了能吸引到華語市場，日本、韓國也對台灣有一定的忠誠度。要說服企業接受這樣的論述並不容易，甚至有時已經和公關部門談妥，事後卻被營業部門駁回。可是，「台灣」是吳權益不願放棄的堅持：「大部分的人面臨這種市場壓力就自我矮化，我們台灣文化節可以很驕傲地說：『我們沒有因為自我矮化而不見了，反而因為沒有自我矮化而變大了。』不要服膺別人的聲音，只要你找到對的立基點，反而是更大的力量。」

取得話語權，務求「在地化」

既然話語權在別人手上，如果沒有足夠大的能量，維繫住一個可以講述自己文化的平台，奪回話語權，那就只能等著被別人詮釋。

台灣位於太平洋島鏈的中心，文化面向海納百川，一向勇於嘗試各種實驗、提出進步觀點。和加拿大很像，台灣擁有原住民、多國殖民與大量移民湧入的歷史進程，政治民主、經濟與思想自由，人民在逐漸鬆綁的環境中，不斷反思、迸發創意，成就了今天台灣文化的精彩。「靈活」的特質、豐沛的文化與人才，給了ACSEA很多想像空間，也是策展時汲取無竭的材料庫。然而，台灣境內卻似乎總陷在某種窠臼中繞不出來。台灣不斷在國際上呼籲「請認同『台灣』」，但對內總是忙著為「外來文化」貼標籤，區分客家、福建、原住民、本省、外省、新住民、新二代等各個族裔；文化補助等資源分配，主要也是依據血統，而非專長。若台灣移民到了加拿大，也還是沿用這一套思維，習慣性的去區分你我，為「他者」貼標籤，自身也將永遠都是局外人。

ACSEA的策展主題，雖然都是「台灣」，但做法上卻很強調「與加拿大建立在地連結」。這樣的思維，與過去單向地訴求要「被看見」截然不同。ACSEA以台灣為繆思，汲取其靈活的特性與文化的多面性，和加拿大的文化脈絡整合，在一次次的策展工作中，創造出加拿大的「在地」：「要讓加拿大認同我們，我們必須創造出能連結每個人的事物。而這樣的事物必須讓人覺得：『這就是加拿大的，不是從別的地方來的。』」

在加拿大，不只是ACSEA，很多社群在做計畫時，都會優先思考「我的東西和你有什麼關係」。如果只是講「包容」和「尊重」，是不夠的，那仍然停留在區分你我的層次上，無法生成新的、在地化的事物。由此延伸的就是歧視，當衝突發生時，「你」與「我」的隔閡讓彼此無法理解對方。必須要涵納彼此，一起將文化的種子種進土壤裡，落地生根。沒有人知道種下去之後會長出什麼，但「種下去」是改變的第一步。「二·〇一定要發生，不然歧視一定會存在。包容與尊重只是開始，它無法解決歧視的問題。我們台裔社群的困境是『種不下去』，只是將文化拿在手裡，用嘴巴講。」吳權益說：「一部分的原因也可能是沒有人在鼓勵創作。藝術和文化是啟動二·〇的唯一途徑，透過創作，讓新的事物發生。」

ACSEA多年來都在努力去說服政治人物和企業理解這個觀念，支持台灣文化節和LunarFest的文化連結工作。在台灣社群人數處於劣勢的狀況下，台灣文化節自二〇一六年以「與亞洲對話」為主軸，與在地的其他族裔社群建立連結，開闢華語社群以外的參與者，創造出連香港、中國社群都難以企及的活動規模，並凸顯台灣特有的價值觀。

觸及面擴大後，加拿大當地的企業贊助和合作資源也隨之而來，唯有如此，ACSEA才能立足加拿大，走得長遠、持續發聲。

台灣文化節不是唯一一個台灣社群在北美舉辦的大型活動。另一個知名的盛會，是每年紐約中央公園夏日音樂祭的「台灣之夜」（Taiwanese Waves），從二〇一六年開始，至今已經舉辦四屆。台灣策展人嚴敏（Mia）耗費多年，憑著對音樂的熱情，努力奔走、說服夏日音樂祭主辦方，讓台灣獨立音樂人站上紐約中央公園這個國際舞台。除了一解旅美台人的思鄉之情，對於一直渴望「被世界看見」的台灣人來說，是非常重要的鼓舞，也是這些音樂人重要的國際演出經驗和養分。

近年來，在文化部和民間力量的努力下，台灣的藝文團體開始有機會在美國德州的南方音樂節（SXSW）、愛丁堡國際藝術節等指標性的國際藝文活動嶄露頭角。站上國際舞台固然令人感動，但世界真的看見台灣了嗎？台灣的藝文表演者是否曾經嘗試和台灣社群以外的觀眾對話？當那些音樂人離開當地，除了自己得到難能可貴的經歷，是否為當地留下些什麼？

吳權益說：「台灣人的目的只是想要人家認識台灣，這種心態在台灣的海外活動非常普遍……我們都太容易只專注在台灣本身的故事，而忘記去跟當地產生連結。」我們總懷抱著滿腔的熱情，想說自己的故事，卻忘記考慮聆聽對象的身分與相應的表達方式。

在多倫多舉辦的東北偏北音樂節（NXNE）是美國南方音樂節的姊妹活動，台灣文化節團隊因為結識其創辦人邁克爾．霍樂特（Michael Hollett），二〇二〇年開始和他討論不同以往的合作方式，計畫讓台灣和加拿大的音樂人共同創作，期待能產出雙方都有所共鳴的作品。吳權益認為，儘管這樣的嘗試不一定能一步到位，但仍必須勇於實驗，尋求其他方法，讓台灣的音樂人不只是表演嘉賓，因而變得無可取代。

每一年，台灣文化節團隊總是在進行各種嶄新的嘗試，思索著如何讓連結更加緊密，如何再踏出一步去引發人們的共鳴，如何去講述我們生活於斯的土地，無論那是台灣，或是加拿大。

團隊合作、激盪創意

要回答「台灣社群在加拿大的價值」，田野調查是必不可少的程序。對ACSEA而言，每一趟旅程都可能是一場展演的開端。田野調查表面上好像是去旅遊，實際上卻是強度極大的工作，沿途必須用策展的角度去審視所有見聞、挖掘可能性。每天回到旅館後，大家一起坐下來討論當天接觸到的人事物，每個人都要說出自己的觀察與感受。「我們會互相辯論，並在過程中發想『我們的活動好像可以跟這個串連、跟那個串連』；以及，我們要怎麼去講這樣的故事？怎麼勾起每個人的同情共感？」

ＡＣＳＥＡ在溫哥華和台灣都設有辦公室，每年策展團隊都會固定回台灣取材；為了籌備「與亞洲對話」系列，ＡＣＳＥＡ也去了菲律賓、越南和日本。無論去哪裡參訪，目的都是要尋找另一種方法來講述當地的故事。加拿大經驗如多元族群、價值觀等，讓ＡＣＳＥＡ的視角和詮釋方式跳脫出台灣的框架，看見了別人未必覺察的細節與價值。

不管去哪裡，ＡＣＳＥＡ通常是整個團隊一起行動，大家在同一個時間內獲得第一手的經驗，就不用再另外花時間轉述、溝通，盡量保留當下體驗到

的一切，這是最真實的。在企劃內容、推出創作時，團隊成員彼此都能貼近各自的情感與發想，經過轉述的經驗很難那麼貼近。最重要的是，在旅行的過程中，也能更深入地認識彼此、凝聚團隊共識。

除了田野調查，ACSEA在台灣的同事每年也都會親自到加拿大參與展覽工作，實際感受到加拿大觀眾的反應和生活方式，也去嘗試各種奇妙的美食。團隊成員潔西卡（Jessica）表示：「我們這邊沒有SOP。」在文化策展這個領域，隨著每一次的主題不同，工作方法都必須隨之調整，以適應不同的題材與合作對象。制訂SOP，就是在限制自己的可能性。ACSEA的人力不是成本，而是資源，策展經費有很大一部分，都挹注在人力資源和團隊運作上。

每年LunarFest和台灣文化節結束後，ACSEA都會全員一起去旅行，有時是一起去美國或加拿大的某些地方見習，有時是一起到下一次要展覽的主題國去做田野調查。其他單位在展覽結束後可能只是開個檢討會，將得失和經驗歸納出來就結束了，他們則是用一趟旅程讓大家聚在一起沉澱、反思過去這段時間經歷的種種、分享看法和感受。舉辦文化節是耗竭腦力和體力的工作，過程中，每個人每天都在「燒腦」，處理眼前的各種突發狀況。活動結束後，需要一段共同的時空，大家一起安定下來，討論更深層的議題。如果自己都無法將經驗深化，就無法透過策展讓參與者跟著深化思考。共同的旅行經驗，是觸發團隊一起深度思考、探索價值觀的最佳媒介。這些旅行也讓團隊不斷激發靈感，為下一次活動挖掘出更好的題目。

PuSh藝術節以台灣表演來挑戰觀眾

溫哥華PuSh藝術節（Vancouver PuSh Festival）成立於二〇〇三年，是當地極具代表性的前衛藝術節。協同創始人諾曼．阿莫爾（Norman Armour）透過藝術節，致力於向溫哥華的觀眾展現極富前瞻性的卓越藝術，引導觀眾與PuSh一起看得更高、更遠，在藝術饗宴中啟迪靈魂與心智，進一步反思自身所處的當下，包括溫哥華這片原屬於原住民的土地。

諾曼在加拿大藝術界備受推崇，也曾多次受台灣邀請參與各界文化活動。PuSh藝術節也為冬奧藝術節策劃了多檔節目，他與吳權益也是在冬奧的工作中相識。PuSh藝術節與LunarFest都是溫哥華冬季的重要藝術節慶，在藝文媒體的牽線下，二人合作的機緣也紛至沓來，如「當代傳奇劇場」與吳興國的《李爾在此》加拿大巡演，就是ACSEA協助PuSh藝術節辦理的演出之一。

當時《李爾在此》在PuSh藝術節的預售票房不太理想，吳興國以京劇為基礎所發展出來的創新風格，難以被喜歡中國傳統戲曲的觀眾接受；但是，喜歡現代戲劇的觀眾又會誤以為它是傳統戲曲，因此興趣缺缺。一方面不希望讓表演者看到人數稀落的觀眾席而感到挫敗，另一方面也希望減少主辦單位的財務虧損，吳權益想到一個辦法：找贊助。

對過往的PuSh藝術節來說，門票是最主要的收益來源。而台灣人辦活動，很習慣透過企業或各單位贊助、包場的模式和社會各界連結。慈濟基金會加拿大分會一直很積極拓展與各社群的合作關係，吳權益便向慈濟基金會提議，由慈濟贊助這場演出，包下一部分的票房，邀請在加拿大的慈濟人與重要關係人一起來為台灣的藝術家捧場，慈濟欣然同意。這個提案解決了三個問題：讓藝術家受到鼓勵，知道自己的作品在海外也能被接受；減輕了PuSh藝術節的財務壓力；完成了慈濟與不同社群建立關係的工作目標，邀請貴賓出席溫哥華重要的藝術節，臉上有光。吳權益靈活組織手上的資源，為彼此創造了三贏局面，這一點讓諾曼驚豔又感動，也發現「原來台灣人辦活動有它特殊的文化與技巧」。

雖然諾曼對台灣並不陌生，但PuSh藝術節的策展團隊對亞洲和亞裔的熟悉程度並不高，許多時候仍須依賴ACSEA協助節目製作的相關事宜，處理募資、媒體操作等亞裔文化特有的眉眉角角。

二〇一八年一月，諾曼再次與ACSEA合作，將無垢舞蹈劇場的《潮》和編舞家劉冠詳的作品《我知道的太多了》（*Kids*），在PuSh藝術節中推薦給加拿大的觀眾。無垢的舞作常以現代舞和劇場空間重新詮釋亞洲傳統祭儀、風土和人的生命歷程，長期在歐陸巡演，在法國藝術界享有極高讚譽；而劉冠詳則被台灣舞蹈界譽為「編舞奇才」，以《我知道的太多了》入圍台新藝術獎，舞蹈動作極具原創性，在劇場空間中呈現爆炸性的戲劇張力，呈現人的心境與情緒。他們的作品都很卓越，但諾曼真正關切的並不是「夠不夠卓越」，而是他的觀眾能否接受來自一個陌生文化的舞蹈作品？購票參與的觀眾人數是否夠多？觀眾們能否耐住性子、在劇場空間中留到最後，去感受「這裡即將發生什麼」？尤其是無垢的《潮》，極其詩意、抽象，而且節奏緩慢。諾曼認為無垢的作品可以為溫哥華的觀眾打開全新的視野，但《潮》富有神聖性的美感經驗與觀眾熟悉的「秀」（show）截然不同，諾曼最在意的是，觀眾能否接受，並喜愛這種嶄新的審美經驗？當他看見觀眾聚精會神地沉浸其中，並一直待到謝幕，這樣的場面讓諾曼深受鼓舞。

而《我知道的太多了》這齣舞作呈現劉冠詳在母親臨終前的親子對話。透過劉冠詳的舞蹈，諾曼感受到親人離世的傷痛，這種傷痛超越文化、地域、語言的隔閡，是生而為人共通的情感經驗。諾曼也好奇，他的觀眾是否也能在這齣舞作中感受到這些幽微細膩的情感，以及演出的藝術價值？

諾曼冒險選擇這兩齣台灣的舞蹈作品，是為了要回答自己心中的疑問：追隨溫哥華PuSh藝術節的觀眾，會喜歡這類藝術作品嗎？從大部分的觀眾都能享受演出直到謝幕來看，答案是肯定的，而且其意義超越了「肯定」。諾曼認為《潮》已是他在PuSh能做的極限，太過完美，難以再登巔峰。做完這一檔後，諾曼退出了PuSh，轉換職涯，成為一名藝術顧問。

諾曼的策展公式是：「用策展提出問題，透過觀眾對節目的反應找答案。」關注的是觀眾的體驗與反應；而ACSEA的策展公式，則是「用策展提出議題，用節目締造與各方的『連結』」，關注的是連結。

要讓世界看到台灣的「什麼」？而這個「什麼」是與每個人都有連結的？跟溫哥華的連結是什麼？跟加拿大的連結是什麼？吳權益指出：「重點不是『台灣』，而是『那個連結』。透過台灣的藝術作品、故事、文化，來完成這個議題、締造連結。」

ACSEA發現，與加拿大的文化人士溝通，即使對方從來沒有參與過ACSEA的活動，也能完全理解ACSEA的倡議，彼此就像在同一個頻率上對話，過程非常順暢。這種透過文化去連結彼此的做法，可能遠比其他途徑更有效率。如果台灣懂得在國際上用文化連結的取徑去講故事，台灣的重要性就能大幅提升。台灣擁有這麼多殖民與移民故事，也擁有豐沛的人才和創作力，關鍵是要找到對的方法，將這些資源整合起來，透過策展，跟世界建立連結。

過去台裔社群辦活動，習慣採用量化的績效評估，像是「有多少人參與？」「有多少人買票？」用數字來判斷一個活動是否成功。然而，一味追求數字可能是捨本逐末。文化策展的初衷從來都不是數字，而是提出某個議題、某種價值，吸引對這個主題有興趣的參與者，並在參與的過程中引發共鳴或討論。吳權益一針見血地點明：「我們希望，來的人是腦子裡的東西與我們要傳達的概念有交集，而不是他們的錢跟我們有交集。」

賠錢的意義：投資讓這個社會進步的力量

無垢在PuSh的合作，讓無垢完成了第一次的北美巡演，登上了渥太華國家藝術中心、蒙特婁Danse Danse舞蹈節與溫哥華PuSh藝術節，總計三地六場。PuSh售出了兩千張門票，以銷售成績而言，這是相當亮麗的數字。諾曼對無垢的作品極為激賞，但他擔心憑一己之力，無法讓無垢在溫哥華獲得成功，無論是製作層面，還是觀眾反應，諾曼都沒有把握。ACSEA此時便成為諾曼最重要的夥伴，擔起了規劃、製作、推動的重任，也陪著諾曼一起賠錢。

但，賠錢不是誰做錯了什麼，巡演往往有許多因地制宜、臨時追加的變動，為了讓整體的經驗與觀眾感受達到最好的效果，諾曼都會盡量尊重藝術家的決定，所以，即使門票銷售狀況很好，結餘還是賠錢的。

ACSEA也與諾曼一起承擔虧損。當然，要向ACSEA的理事會說明赤字，還是讓吳權益傷透了腦筋，不知道怎麼解釋比較好。諾曼一句話點醒夢中人：「我們辦藝術節的目的不是賺錢。我們虧錢是因為這個社會需要投資，我們是累積社會資本（social capital）。」

吳權益很贊同這個理念：「如果社會沒有新的理念、新的元素讓我們去學習，它不會進步。所以文化界要做的，應該是投資，投資讓這個社會進步的力量。」錢買不到這次經驗中學到的事物，買不到在這次合作中建立的關係，也買不到透過這次演出形成的共同語言，這些價值都遠超過金錢。「也因為我們是可以信任的夥伴，一起努力，也願意一起賠錢，才能一起邁向下一次的合作。」

諾曼的PuSh藝術節一直都不賺錢。也因為PuSh的品牌精神就是「願意不計代價的付出」，這一點讓很多人願意捐錢支持PuSh。吳權益觀察到：「當你有好的理念，而且找到與人的關聯性，很多錢反而會跟著來。可是當你只是想要賣人家東西的時候，你就變成在求人家來買。」

在PuSh的品牌下，大家在意的是「你要創造（build）什麼給我看」，而不會去在意「我要看什麼」。因為觀眾知道，諾曼會給出他們想看的東西。這群人支持的是「理念」，而不是某一個特定節目。這種對理念的支持，就是品牌信任度。當品牌信任度建立起來後，這群支持者就會透過買票、捐款等各種途徑，去支持這個品牌。

ACSEA在思考品牌發展的時候，也採取類似的思路：以「對話」為策展理念，讓不同的社群在其中互相交流，並讓這些交流形成聲浪，讓這些聲浪轉換成資源，規律地一年一度在溫哥華、多倫多發生，在加拿大社會也獲得越來越多的關注。從這裡開始，「對話」的價值就被確立，需求也被創造了出來。

其他社群也會覺察到這個變化。「別人好像沒有這樣做過？」「原來你們是用這個方式將我們帶進來的！」「下一次可不可以輪到我跟你們對話？」這些都是ACSEA收到的回應。這些回應反映出「對話的需求」已經被ACSEA建立起來了。當這個需求持續存在，「台灣」就會變得很重要，由此開始，ACSEA不再需要「求人」，而是各方會主動來請求合作、加入連結。

第四章

加拿大與台灣共同的功課：與原住民的和解

世界各地的原住民雖然身處不同國家，擁有多采多姿的文化和生活方式，卻經常有著相似的處境和遭遇。

原住民遭逢強勢族群入侵，發生衝突之餘，他們的生存空間往往受到擠壓。現代國家建立後，原住民更是遭受文化、經濟、政治等各個層面的殖民和壓迫，被視為野蠻的土著而淪為二等公民，導致文化、語言和族群認同大幅流失。

加拿大和台灣的原住民也不例外。加拿大的原住民人口佔比約百分之五，台灣原住民則是百分之二點五，都是少數族群，近年台灣的新住民人數甚至已經超越原住民人口。

早期，加拿大和台灣的主流族群都以帶有歧視意味的名稱稱呼原住民，如加拿大用「印第安人」（Indian）來概括指稱兩百多個不同族別的原住民，但其實這是哥倫布發現美洲新大陸時，以為自己到了印度（India），便誤稱這群原住民為「印第安人」，而台灣則是用「番仔」、「山胞」等詞語。

在一九七〇、八〇年代，加拿大開始改稱大部分的原住民為「第一民族」（First Nations），另外原住民族還包含生活在加拿大西北部和魁北克等地的因紐特人（Inuits），以及歐洲人和原住民混血的梅蒂人（Métis）。一九八四年，台灣原住民族權利促進會展開原住民正名運動，並在一九九四年成功讓「原住民族」一詞出現在憲法之中。

從這類正名運動的開展，可以看出兩地原住民族重建族群主體性的過程。原住民族與其他主流族群的關係正在轉變，也讓主流社會或其他族群逐漸意識到過去原住民族所遭受到的結構性迫害，開始有所檢討與反省。

加拿大歷史最黑暗的一頁

「接連幾任的加拿大政府都無法尊重加拿大原住民族的權益，是我們極大的恥辱。」在二〇一七年的聯合國大會演說上，加拿大總理杜魯道細數從過去到現在，加拿大政府對原住民族的壓迫與虧欠，不畏在國際舞台上攤開傷疤，承認錯誤。

這不是加拿大總理首次坦承和反省政府對原住民族的迫害。過去，加拿大政府也曾經聯合加拿大天主教會，不止一次發表過道歉聲明或演說，而道歉的主因正是加拿大過去最惡名昭著的族群政策——寄宿學校。

加拿大於一八六七年脫離英國殖民統治，建立自治聯邦前後，開始對聯邦境內的原住民族實施同化政策。當時，加拿大的原住民兒童經歷了一段類似「集中營」的黑暗歷史，他們被迫離開原生家庭，安置於遠離部落的寄宿學校中，被迫使用英語和法語，接受白人殖民者的「同化教育」，以成為「文明社會」的一分子。

這項政策實施了一百多年，最後一所寄宿學校直到一九九六年才關閉，這段期間，超過十萬名原住民兒童，分別被送去一百三十九所寄宿學校，切斷與家庭的聯繫，連假日也不允許回家。寄宿學校由政府和教會共同開設，所謂的「教育」，實際上是只有半天課，其餘時間都是勞役，並且充斥著身體虐待和性虐待。

二〇〇八年，加拿大成立真相與和解委員會，開始調查過去這些同化政策所造成的長遠傷害，最主要就聚焦在寄宿學校政策。經過整整六年的時間，訪問近七千名證人，在二〇一五年公布了一份近四千頁的調查報告，承認寄宿學校的種種舉措等同於「文化屠殺」，更有超過六千名兒童因此喪命。

「他們傳遞給我們的訊息是在告訴我們，我們是未開化的民族、我們是異教徒，我們的生活方式是不好的。」一名寄宿學校的倖存者含淚說著這段跨世代的歷史創傷。

主導類似轉型正義運動的不只有中央政府，地方的文化機構也積極投入。安大略省的伍德蘭文化中心（Woodland Cultural Centre）位於格蘭德河六族保留區（Six Nations of the Grand River Reserve），共有六大原住民族聚居於此區，因此伍德蘭文化中心也是加拿大首屈一指的原住民文化園區之一，長年致力於保存與發揚原住民的歷史、藝術、語言和文化。

伍德蘭文化中心過去曾是歷史最悠久的莫霍克人寄宿學校（Mohawk Institute Residential School）所在地，這座學校於一八三四年創立，一直到一九七〇年才正式關閉。於是，文化中心發起「留下證據」（Save the Evidence）運動，首要任務就是要修復莫霍克人寄宿學校校舍，透過建築和寄宿學校學生的口述經驗，記錄這段黑暗慘痛的歷史，讓加拿大未來的世代看到這座歷史建物能夠引以為戒，不再讓錯誤重演。

近年，「留下證據」運動背後多了一位強而有力的行動者，那就是伍德蘭文化中心的顧問梅勒尼・費南德茲（Melanie Fernandez）。「費南德茲是我文化界的導師。」吳權益說，費南德茲啟發了他對原住民議題的認識，甚至影響了台灣文化節的策展方向。

而這兩人的緣分，要從二〇〇六年的多倫多說起。

費南德茲：與原住民和解是所有人的事

盛夏的太陽高掛，安大略湖的湖面閃耀著熱情的光芒，民眾和遊客在湖畔邊悠閒散步、享受陽光，後方是一座有著鋼構屋頂的大型戶外表演舞台，往舞台後方走去，便能看見多處藝術展覽場館和劇場，大大小小的展覽和節目訴說著無數的故事和話語，穿梭其間，就能讓人感受到加拿大豐沛的藝文能量。這裡是多倫多的文化重鎮——湖濱中心。每年八月，台灣文化節都會在這裡舉行，已經成為湖濱中心年年必備的藝文節目，與多倫多市民和來自世界各地的遊客分享台灣文化。

二〇〇六年，台灣文化節首次進駐湖濱中心，也是ACSEA第一次到溫哥華以外的城市舉辦活動，心情有些緊張，卻也難掩興奮期待。這一年，文化節的策展團隊結識了當時湖濱中心文化參與及活化部門（Cultural Engagement & Activation Department）的總監梅勒尼．費南德茲。

費南德茲是牙買加移民，留著一頭紅棕色的長髮，打扮穿著雖然女性化，卻騎哈雷機車代步，透露出她熱愛挑戰極限的個性。她策劃藝文活動與節目的經驗非常豐富，對多倫多社區懷抱著很深刻的認同感，行事風格強勢明快，總是能一針見血給出意見。起初，ＡＣＳＥＡ團隊成員對自己的活動策劃頗有把握，費南德茲卻把他們的安排批評得一無是處，令大夥相當沮喪，不過他們很快就調適心態，把費南德茲的評論視為進步的動力。

策展團隊開始觀摩湖濱中心的其他藝術節，費南德茲也指派一位專員，從頭輔導他們重新策劃節目，給予許多寶貴的意見。費南德茲每年暑假都會為湖濱中心訂定一個藝術方針，而當年度的所有展演的藝文活動都必須扣合這個核心理念，這樣的做法帶給吳權益莫大的啟發。往後，台灣文化節每年也都會設定一個倡議的主題，讓活動更加聚焦，明確傳達策展概念，而不再只是一場場拼盤式的嘉年華會。

費南德茲對文化節策展團隊的態度雖然相當嚴格，但事實上她非常支持台灣文化節，這也是湖濱中心第一次有華語社群進駐策展，因此她非常重視這難得的機會，給予大力協助。當年的台灣文化節頗受好評，於是湖濱中心開始每年都邀請ＡＣＳＥＡ舉辦文化節，和費南德茲的合作也變得愉快、順暢、緊密。費南德茲的文化論述往往能刺激吳權益的思考，兩人時常一起討論許多議題，她會和他分享從加拿大政策的角度如何看待這些社會議題。

吳權益視費南德茲為不可多得的良師益友：「如果沒有她，我不知道我們在東岸的這個網絡是不是能夠打得這麼開？如果沒有她，我們是不是能夠走得這麼快？否則可能還是得一直慢慢地摸索。」多虧有費南德茲這位重要推手，台灣文化節才能在多倫多生根，開啟了前所未有的視野。後來，她更把台灣文化節看作同類型文化活動的典範，每當有其他的族裔社群也想進駐湖濱中心，她總會要他們先去觀摩台灣文化節。

吳權益說，多倫多的台灣文化節就像是她「一手帶大的孩子」。吳權益從她身上學習到處理不同文化社群間關係的心法，讓不同的社群都能彼此合作溝通，台灣文化節展開「與亞洲對話」系列後，運用到許多從她身上習得的方法。

台灣文化節成為費南德茲認識台灣的窗口。和文化節合作後，她曾多次受文化部邀請拜訪台灣，逐漸打破她原先對台灣的印象，發現台灣和中國之間的諸多差異，比如相較於中國總是稱漢族以外的民族為「少數民族」，台灣對於原住民文化較為重視和尊重，和加拿大的情況比較相近。

台灣文化節每年都將許多台灣優秀的藝文人士和團體帶到多倫多，讓湖濱中心看見台灣藝術文化的活力與深度。每當湖濱中心注意到一些台灣藝術家，總會請ＡＣＳＥＡ幫忙牽線聯絡，也開始在台灣文化節以外的其他活動或節目，邀請台灣藝術家參與，與台灣的關係越來越緊密。

二〇一四年，湖濱中心來自澳洲的執行長瑪拉·布雷（Marah Braye）新官上任，經營理念和人事安排都有些變動，重視在地社區參與的費南德茲不幸遭到裁撤。和她合作過的許多團體都感到相當惋惜不捨，於是吳權益決定挺身而出，寫一封信給湖濱中心的董事會，表達讓費南德茲留任的期待。

雖然這個大動作造成ACSEA和湖濱中心的一些小摩擦，但因為台灣文化節已經是湖濱中心具代表性的亞裔文化活動，並未因此停辦。最終費南德茲依舊離開了湖濱中心，但她曾為此向吳權益致謝，也一直和ACSEA保持友好的關係，每當協會需要幫助，她總是不吝提供建議和人脈。

離開湖濱中心後，費南德茲轉任伍德蘭文化中心顧問。她在湖濱中心時便曾舉辦過加拿大國際原住民藝術節（Planet IndigenUS），對原住民當代藝術和文化十分熟稔。開始在伍德蘭文化中心任職後，便也積極投入中心的「留下證據」運動。

對於十五歲才移民北美的吳權益而言，加拿大原住民的寄宿學校是一段十分陌生的歷史，多虧費南德茲等人參與推廣的和解運動，才認識了加拿大這段傷痕累累的過往。即使費南德茲不是原住民，仍如此盡心投入相關的運動，讓他意識到，和解運動應該是生活在同一塊土地上所有族群的責任，不該只有受壓迫的原住民族參與其中。台灣的原住民族同樣經歷過殖民者的打壓，面臨文化流失的危機，所有台灣人也應該一同努力，為他們平反。

加拿大的轉型正義運動仍未走到終點。二〇二一年五月起，加拿大前後在卑詩省和薩斯克其萬省（Saskatchewan）的原住民寄宿學校遺址找到數百具兒童和成人的遺骸，震驚全國，也引發輿論一波新的討論和反省。

在加拿大的和解運動中，伍德蘭文化中心扮演著要角，如今莫霍克人寄宿學校整修工作仍在持續推行和募款，已經完成部分修復，開放民眾參加線上導覽，跟著攝影鏡頭走入校舍，用自己的雙眼去認識那段加拿大的黑暗歷史。二〇二一年，ACSEA和伍德蘭文化中心合作，將這段線上導覽配上中文翻譯，成為台灣文化節的節目之一。伍德蘭文化中心表示，過去從來沒有華文媒體去採訪過他們，希望能和台灣文化節一起努力，讓這個議題被更多人看見。吳權益也期許自己，未來能夠創造更多類似的對話機會。

蘇瓦那的加拿大之旅

藝術與文化展演也是加拿大原住民和解運動的一環，鼓勵原住民受難者將自己的遭遇表達出來，去記錄、拼湊、面對這段歷史的傷口。

經歷過寄宿學校生活的原住民，而今被稱為「倖存者」。有些倖存者將他們所受到的傷害與情緒，透過藝術作品表達出來。有一幅畫作描述他們在學校被強制餵食義大利麵，那不是他們熟悉的食物，卻被迫要吞下去。畫面中的孩童受制於黑色的雙手，其中一隻手將義大利麵捲在叉子上，硬塞進孩童的口中，孩童因恐懼而睜大的雙眼流著淚，口唇淌血。

溫哥華市立博物館作為一所公共博物館，館方很勇敢地面對加拿大所經歷過的歷史傷痛。而策劃、展出這些以歷史傷痛為主題的作品，是加拿大社會與原住民和解運動的一部分。吳權益很認同這樣的做法：「只有真正讓這些傷痛浮現、讓這些故事被好好訴說，我們才能理解當時人們所經歷的痛苦究竟是什麼。」

二〇一九年，曾榮獲第二十九屆金曲獎最佳原住民語專輯獎的歌手蘇瓦那受邀參加台灣文化節。蘇瓦那的母親和父親是台東的阿美族人和撒齊萊雅族人，但從小便舉家遷移台南，在八〇年代對原住民不友善的氛圍下，父母甚至沒有告訴他他是原住民，他一直到國小四年級才意外得知自己的身分。二十歲時，蘇瓦那因為父親在工地工作意外重傷，他必須扛起家中經濟重擔，過大的壓力導致他罹患精神疾病，但這也是他開始一步步梳理自我的契機，展開尋根之旅，重新認識自己的原住民身分、語言與歷史。後來，蘇瓦那發揮他的音樂天賦，創立了CMO樂團，使用阿美族語創作，揉合古典音樂和原住民傳統歌謠等多種族群的風格。

ACSEA與蘇瓦那的緣分一言難盡。二〇一七年，因為有位加入ACSEA的新成員是CMO樂團的樂迷，團隊因此接觸了他們的音樂，也找到機會親自和蘇瓦那碰面。吳權益笑說：「其實我對蘇瓦那的第一印象是這個人好難搞。」蘇瓦那沒有在一開始就對團隊成員完全敞開心房，有時甚至會開玩笑迴避他們的問題。和蘇瓦那溝通耗費了許多心力，讓吳權益一度想放棄和他合作，卻又認為他的經歷能夠在加拿大引發對話和共鳴，因此不斷思考著該用什麼方式或節目，在加拿大展出他的故事，也能讓蘇瓦那認同並願意參與。

這段連結的經營就這麼持續到了二〇一九年，ACSEA總算等到時機成熟，邀請他參加台灣文化節，這一趟加拿大之旅也改變了蘇瓦那與ＡＣＳＥＡ的關係。蘇瓦那預計拜訪溫哥華期間，正值溫哥華市立博物館展出以當地原住民寄宿學校為主題的藝術展。蘇瓦那想參考加拿大的被殖民者如何面對過去受壓迫的傷痛，ＡＣＳＥＡ便擔任了引介的角色。

這場會面很快便「超展開」，讓台灣文化節與溫哥華市立博物館合作，一同推出了一個音樂節目「音樂與我的認同之旅」，邀集四位音樂人，包括台灣的蘇瓦那、加拿大的蒂芬妮．摩西斯（Tiffany Moses）、葉為安（Vi An Diep）和吉娜莉娜（Ginalina），分別講述自己追尋認同的故事並演出。蘇瓦那在十歲才知道自己是原住民；摩西斯在領養家庭長大，後來才發現自己擁有原住民甸尼族（Dene）的身分；葉為安從小以為自己是越南華僑，跟著父母以難民身分從越南移民到加拿大，二十五歲得知自己是被領養的棄嬰，做了ＤＮＡ基因檢測後，發現自己身上流著蒙古、西伯利亞、日本和法國的血液；擔任節目主持人的吉娜莉娜則是加拿大台裔第二代的創作歌手，也曾走過對自我認同迷惘的生命歷程。

節目最後，三位音樂人嘉賓以實驗性的方式即興演出，蘇瓦那演奏大提琴和演唱，摩西斯用歌聲和節奏樂器加入，葉為安則彈奏古箏，三人時而合奏唱和，時而讓一人擔任主調、兩人伴奏，他們用音樂表達自己，同時聆聽並回應著彼此相異卻又相似的故事，展開一場關於身分認同的音樂對話。樂音紛紛感染在場的觀眾，甚至有人感動啜泣。

從「蘇瓦那參觀溫哥華博物館」這個契機為出發點，台灣文化節逐步擴大連結網絡。團隊取得《那時我們還小》（*We Were Children*）這部紀錄片的授權，製作了中文字幕，在台灣文化節期間於溫哥華美術館前廣場播出。

《那時我們還小》是二〇一二年一部探討加拿大原住民寄宿學校的紀錄片。台灣文化節希望能讓更多人看到這部紀錄片後，到溫哥華市立博物館去看這一檔展覽。

由於溫哥華美術館位於市中心，很多人必須通過館前的廣場，到旁邊的店家買食物。當他們經過廣場時，就會被迫看到這部紀錄片；人們買了食物後需要找地方坐下來進食，自然便會坐在大螢幕前，一面吃一面專注地觀賞這部紀錄片。團隊觀察到，很多觀眾在這個過程中看得入神，也為影片中呈現的傷痛而流淚。

「那時有很多從各地來的移民來到現場，他們都說，如果不是在這一天來到台灣文化節，他們根本不會看到這部影片。因為這個企劃，他們知道了蘇瓦那的故事，也知道了加拿大原住民的遭遇。」台灣文化節藉由這系列活動，讓看似沒有關聯性的主題與族群，產生交集，並兼顧到彼此的利益。

故事還沒結束。

台灣文化節每次舉辦活動，都會講一段關於活動舉辦地點的土地宣示：

> 我們感謝今日能夠一起站在海岸薩利希族，包括斯夸米什族、瑪斯基姆族、提里斯瓦圖族，他們祖先流傳下來、不可退讓的傳統土地上。*
>
> We would like to acknowledge that we are gathered on the traditional and unceded territories of the Coast Salish peoples of the xʷməθkʷəy̓əm (Musqueam), Skwxwú7mesh (Squamish), and Səl̓ílwətaɬ (Tsleil-Waututh) Nations. With this acknowledgment, we thank the Indigenous peoples who still live and care for this land.

＊註釋：加拿大的原住民原本就有土地宣示的傳統，外來訪客藉由提及當地原生部族的名字來向土地的主人致敬。當今的土地宣示是受到加拿大真相與和解委員會二〇一五年提出的行動呼籲啟發，為了促進族群和解而出現，首見於公家單位和教育機構，而後逐漸普及成為民間各式活動的慣例。活動主辦單位會調查活動地區屬於哪一個原住民族的傳統領地，再自行撰寫一段土地宣言，沒有固定的形式或用詞。

這段土地宣示是加拿大許多公開活動的慣例，也是台灣文化節在加拿大舉辦活動的固定儀式。這段宣示讓蘇瓦那深受感動，他曾對吳權益說，他在台灣受邀參與演出，從來沒有見過類似的、尊重原住民的做法。

回到台灣，蘇瓦那決定把CMO樂團交給其他成員經營，隻身踏上創作之路。吳權益和他碰面時也感受到蘇瓦那不一樣了，變得更樂意和ACSEA對話和分享想法。吳權益回憶這段長達數年的緣分，猜想蘇瓦那起初的封閉或許是種長期遭受誤解的直覺反應：「大家對原住民的認識一直是那麼淺，他都要花很多心力去講，那就乾脆不要講好了。」台灣主流社會總是用固有的思維去評斷原住民和他們的文化，而沒有真正去了解原住民的生活與困境，逕自為他們貼上許多錯誤的標籤，許多原住民藝術家為此努力發聲、脫去汙名，在「和主流族群溝通」和「保有主體性」之間尋找平衡，摸索出適合自己的路，這個過程艱難而漫長，有時難免憤怒或無力。

二〇二〇年，蘇瓦那推出一張新的個人專輯《霍格的天體》，裡面有一首〈Maadah ko doka'〉（傷癒）是以加拿大活動前的土地宣示為靈感譜成。他將吳權益寫給他的一段話改寫成歌詞，講述加拿大原住民與土地不可分割的情感，並翻譯成阿美族語演唱：

這裡是我們的家
沒有退讓過的土地
這塊土地上的幸福歡樂
雖然不再
尊嚴要在
這塊土地上的歷史記憶
屢屢撕裂
尊嚴要在……

雖然台灣近年來也在推動傳統領域的議題，部落過去因為種種不公平而失去的土地，卻很難追討得回來。ACSEA進入台灣的原住民部落田野調查時，也曾聽原住民朋友這麼說：「政府不要的土地才會還給你。」其實，許多原住民真正在意的並不是傳統領域的「所有權」，而是維護部落在傳統領域生根、保存文化的權利；更重要的是，就像在加拿大的「土地宣示」，讓一般民眾也能認識腳下這片土地，尊重原住民的文化與歷史。這首〈Maadah ko doka'〉訴說著加拿大和台灣原住民共同經歷的傷痛與壓迫，曲調感性而明亮，蘇瓦那的歌聲溫暖堅韌，傳遞著療癒的力量。

二〇二一年，ACSEA再次邀請蘇瓦那在台灣文化節的線上節目分享加拿大行對他的影響，為這段醞釀已久、終於破土萌芽的緣分寫下一個小結。未來還能和蘇瓦那譜出怎樣的歌？ACSEA團隊一如既往，殷殷期盼著各種可能性的發生。

蒙克曼的畫：用藝術還原歷史

相較於加拿大，台灣社會對原住民議題的關注仍相對缺乏。「台灣也許還不太重視『與原住民和解』的議題，但以台灣文化節的策劃者的角度來看，原住民議題是加拿大重視我們的原因。台灣要解決的是，如何呼應國際上的和解運動。只要台灣願意去呼應這種深層的、情感上的連結，我們作為策展單位，就可以很大聲地去談這個議題，與國際上進行和解運動的關係人締造更密切的連結，因為他們對此是『有感的』。」吳權益說。

日本殖民台灣、推行日語教育與皇民化政策，和當年大不列顛帝國在各殖民地進行的文化清洗，都是類似的邏輯。當加拿大在談和解議題、澳洲在為白澳政策道歉，這對台灣而言是個契機，不要侷限在自己內部在談這個反思，可以借助其他文化的力量來做這件事情。

在二〇一七年，適逢加拿大建國一百五十年，聯邦政府文化部用了很多心思去舉辦一系列的慶祝活動，ACSEA也承接了一部分的節目。聯邦政府邀請原住民視覺與表演藝術家肯特．蒙克曼（Kent Monkman）創作以原住民為主題的作品。蒙克曼透過大量的訪談、在各博物館和經典畫作中取材，最後呈現了極具諷刺意味的系列畫作。

在羅伯特．哈里斯（Robert Harris）於一八八四年原創的《英屬北美代表的聚會》（Meeting of the Delegates of British North America）這幅作品中，原本只有一群被視為加拿大創建者的白人男性。但在蒙克曼再次創作的畫作《老子們》（*The Daddies*）中，增加了一位衣不蔽體的原住民女性。她赤裸裸被觀看，並以自己的凝視回望這一群衣冠楚楚的男性。觀者可以很容易地體會到這其中的權力與剝削關係。

其他的畫作則刻畫著白人殖民者強拉原住民小孩離開部落、離開原生家庭，去接受「文明」的洗腦教育。

蒙克曼在訪談中表示：「我們如果不能還原，我們就無法談和解。」他認為的「還原」不只是歸還土地，還要還原過去實際發生過的歷史。而且加拿大應該要慶祝的不是一百五十年，而是「一五〇+」，因為在一百五十年之前，加拿大還有很豐厚的歷史，「一五〇」只是這漫長歷史中的一個點而已。

參與加拿大建國一百五十年慶祝活動時，台灣文化節曾被加拿大的原住民指責，為什麼要慶祝這個活動？這是在原住民的傷口上撒鹽。ACSEA反省了過去的做法，二〇一八年開始籌辦LunarFest時，他們邀請了加拿大和台灣的原住民藝術家一起參與燈籠創作，這個合作模式也一直延續下來，截至二〇二一年已舉辦了

三屆。

「不需要是共同的文化，只要有共通的經驗，都可以交流。」ＡＣＳＥＡ一再用他們的活動證明了這一點。吳權益認為，在一個以文化共融為目標的社會，沒有必要放大彼此的不同，而應該去尋找雙方的共鳴，讓對話和反思滾動、深化。

「和解」不只是殖民者和被殖民者之間的議題。每個人都有可能受過不公的對待，重點是要如何和自己心中的憤恨不平和解，並以此同理他人的感受：「我們接受彼此的過去與現在，並以善意期待我們共處的未來。」和解是我們所有人的共同課題，也關係到社會能否往更好的方向邁進：「當多數人願意站出來，犧牲自己的一部分利益，去保障少數人的利益時，那才是真正的進步。」

兩個家族、兩種文化的相會

在二〇一九年的LunarFest，加拿大和台灣原住民藝術家的創作燈籠第一次在溫哥華的港灣旁展出。首次的展覽便大獲好評，接續的兩年也固定在春節期間舉辦，這樣的展出讓華語社群和原住民族群產生交集，也讓台灣和加拿大的原住民交流對話，共同創造出獨一無二的文化，逐漸成為展現溫哥華「多元共榮」特色的農曆新年活動。

而這樣的理念，吸引到了意想不到的貴客。

二〇一九年開始，ACSEA結識加拿大的原住民藝術家湯瑪斯．坎諾，邀請他創作海岸新年藝術燈籠。當年LunarFest開幕典禮時，觀眾席出現了一位重量級嘉賓，那就是坎諾的母親蘇珊．波英特（Susan Point）。

蘇珊．波英特是加拿大的國寶級原住民藝術家，她的作品打破海岸薩利希族傳統藝術的限制，將當代的敘事方法與傳統的核心價值融合，呈現海岸薩利希族的神話與文化，或為環境、社會議題發聲。她的創作經常出現天空、土地、海洋、動物的象徵性圖像，所使用的創作手法也非常多元，包括木雕、網版印刷和鋼刻等。在溫哥華的國際機場、美國華盛頓的國立美國印第安人博物館（National Museum of the American Indian）等美加重要的國家級單位都可以看見她的作品。

她因為兒子的作品而出席LunarFest的開幕活動，她告訴策展團隊，她從沒想過雕刻作品可以和燈籠結合，對於原住民的作品能夠在農曆新年的燈會上出現感到驚喜，這是溫哥華原住民第一次以視覺藝術，參與亞裔社區的農曆新年活動。她深受感動，也非常認同ACSEA對於多元文化的重視。母子兩人都認為，生活在同一片土地上，不同族群應該要如這般互相交流，參與彼此的盛事和節慶，於是波英特欣然接受ACSEA的合作邀請。

二〇二一年二月，LunarFest的藝術燈籠承載了台灣和加拿大兩大原住民藝術世家的對話與互動，同時展出波英特家族和台灣排灣族巴瓦瓦隆家族的作品。吳權益表示，在加拿大當地配合的相關單位，聽到蘇珊．波英特竟然願意參與LunarFest這樣的地方活動都十分驚喜。但其實藝術家的起心動念非常單純，只要理念相符，無論活動規模大小都樂意投入。

在這次的戶外展覽中，共有八位藝術家參與。波英特家族以蘇珊．波英特為首，帶領兒子湯瑪斯．坎諾、女兒凱莉（Kelly Cannell）和孫女桑默（Summer Cannell）。巴瓦瓦隆家族則是來自屏東排灣族大社部落的藝匠世家，包括白浪．巴瓦瓦隆（Pairang Pavavaljung）、長子撒古流（Sakulu Pavavaljung）、次子伊誕（Etan Pavavaljung）和孫子磊勒丹（Reretan Pavavaljung）。

巴瓦瓦隆家族是部落的「Pulima」家族，意思是「很多手的人」，也就是指擅長做工藝的人。祖父輩的白浪是國寶級的口鼻笛工藝家，也善於製作刀、弓箭、飾品等排灣族生活用品，同時也是現今數量極為稀少的排灣口鼻笛演奏家。長子撒古流是對排灣族傳統藝術保存貢獻極大的一位藝術家，曾長時間進行工藝技術研究、田野調查、部落人才培育等工作，也積極投入原住民社會運動，擅長雕刻、繪畫、陶藝等多種藝術形式，並曾獲國家文藝獎。

次子伊誕和哥哥一樣，也是九〇年代原運的重要參與者，他的藝術創作除了繪畫、雕刻等視覺藝術，還有許多詩文和影像作品，他更獨創「紋砌刻畫」，在木板上雕刻出細膩的紋路，再加以上色。孫子磊勒丹的創作則以油畫、平面設計、數位繪畫為主，以帶有傳統風格的畫風，描繪現代原住民青年的都市經驗和對部落文化詮釋，創立個人品牌「阿笛丹文化藝術」，作品風格活潑詼諧，又不失傳統圖騰的韻味。

無論是加拿大或台灣原住民，家族聯繫都是傳統文化舉足輕重的一部分，這樣的概念和農曆新年家族團聚的習俗不謀而合，於是ACSEA將節目命名為「都是家的故事」。

兩個家族在節目訪談中都提到他們的家族和社區關係十分緊密，藝術創作的根基也來自於家族的教育和傳承。同時，也是靠著深厚的族群文化認同、樂於認識異文化的開放胸襟，以及適應社會變遷的韌性，兩個家族走過文化失落的受壓迫世代，仍能從荒地中孕育出燦爛的藝術花朵。

不過，在這次的展覽中，「家」的意義遠不僅止於個人的家族和部落，更擴大到人類生活其中的自然環境，也就是我們地球的家。這兩個原住民家族的藝術創作總是從大自然中汲取靈感。加拿大的湯瑪斯與凱莉兄妹談著他們探索大自然的成長回憶，他們時常在森林裡探險，觀察家中池塘的蝌蚪長成青蛙，家裡總是有兩棲和爬蟲動物朋友同住，他們對大自然的熱愛也感染了他們的孩子。

台灣的磊勒丹則認為，當代原住民的價值在於提供一個看待世界的觀點：「也許別人看這個世界，會覺得山好像可以切割成好幾塊土地，每一塊土地可以賣多少錢、有多少資源。但如果以我們的觀點去看，山就是我們的朋友，他就住在隔壁，那你要去裡面跟他借東西，就要先拜會他。」原住民族提醒了我們，在古老的時代，人們曾經建立與自然的永續互動關係，而這正是現代的我們所需要的智慧。

二〇二一年LunarFest的藝術燈籠比往年的展覽更為深化，加入了與農曆新年息息相關的「家」的概念。而在人心惶惶的新冠肺炎疫情期間，連結不同的族群，創造出不分你我的共同體，似乎比以往都更加重要且迫切。

堅持理念才能贏得真朋友

LunarFest這樣規模不大的地方性活動，能夠爭取到與國寶級藝術家蘇珊·波英特的合作，其中的秘訣是吳權益籌劃展覽多年經驗所得到的啟示——要在加拿大的藝文界存活，就必須堅持自己的理念。

只要始終如一，並且不畏表達自己的核心價值，就能吸引到志同道合的夥伴，並讓具有影響力的人物看見他們，視他們為值得信任和合作的團體。而這些人會為他們帶來資金，甚至是無形、無價的資源。

ＡＣＳＥＡ還遇過許多這樣的例子，比如納塔莉・盧（Natalie Lue）。納塔莉・盧和ＡＣＳＥＡ是在多倫多湖濱中心舉辦活動時認識的，當時她是多倫多國際電影節的營運副總，後來她轉任密西沙加市（Mississauga）生活藝術中心（Living Arts Centre）的執行長。因為密西沙加是加拿大移民比例最高的城市，於是盧也邀請ＡＣＳＥＡ到那裡舉辦活動，算是除了溫哥華和多倫多以外，第三個常態性合作的單位。

納塔莉・盧擁有華裔背景，俐落的黑短髮展現出她的幹練。一開始提到農曆春節時，她也經常說「中國新年」，而不是「農曆新年」。第一年在生活藝術中心的活動開幕式上，吳權益等工作人員一律使用農曆新年，也向她說明農曆新年比中國新年恰當的原因。第二年他們就發現盧逐漸改稱農曆新年。經過這樣長期的合作，盧明白了ＡＣＳＥＡ是非常有原則和堅持的團隊，也培養出信任感。

後來，盧轉任溫哥華市民劇院（Vancouver Civic Theatres）的常務董事，這個單位負責管轄隸屬於溫哥華市政府的所有活動場館。二〇二〇年因為疫情影響，場館全面關閉，但她卻願意運用她的權力，首度開放給ＡＣＳＥＡ使用，拍攝線上轉播節目，甚至破例讓他們在室外擺設裝置展覽。

「這些都是你平常看不到的助力，這是沒有辦法用錢去劃等號的。」吳權益表示，這樣的信任都是透過一場場活動慢慢累積而成：「當你做的東西是他從來沒有想過的，他認為你是一個可以幫助彼此成長的單位的話，那他一定是緊緊地牽著你、抱著你，不願意放你走。」

台灣文化節每年也都會在活動期間安排一些相對小眾的講座，吳權益深知這些講座無法吸引到主流的大眾，但仍持續拋出議題來創造話題性。ACSEA因此建立起與學術界的良好關係，英屬哥倫比亞大學（University of British Columbia）的亞洲系非常樂於和ACSEA合作，這些教授和學者也渴望擁有和社區連結的機會，經常熱情參與，並推薦台灣文化節給學生，或是將更多其他大學的學者介紹給吳權益的團隊，不斷擴展他們的思維和視野。

這就是吳權益所謂經營平台的意義，讓更多創新又有深度的內容不斷在活動平台發生，不追求短期的效果，長期經營就能一步步累積能量。這麼一來，「台灣」的名號不需要刻意強調，也能被牢牢記住、正面看待。多年來，ACSEA在加拿大很少因為是

「台灣」而遭受阻礙：「我們是走到哪裡，都可以通到哪裡。」吳權益說，這是他從許多藝術家身上學習到的精神，不是等資源到位才做想做的事，而是堅持做下去，資源就會跟著來。

願台灣成為亞洲原住民的舞台

近年來，ACSEA積極透過活動策劃，在加拿大和台灣的原住民議題上發聲、創造連結，但他們仍在思索著更多的可能性。關於原住民藝術文化的策展，吳權益和他的良師益友費南德茲還有一個共同的夢想。

費南德茲過往曾多次參與籌劃原住民藝術節，但大多都是和美國、紐西蘭和澳洲的原住民合作，和亞洲原住民的接觸很少。因為ACSEA認識台灣後，她才發現台灣對於原住民議題的關注相對其他亞洲國家更高，原住民藝文工作者的能量也十分豐沛。她認為，台灣非常適合發展成亞洲原住民藝術文化的國際平台，多次和吳權益提起在台灣舉辦原住民國際藝術節的構想。

如果在台灣建立起亞洲原住民藝術展演的世界舞台，北美和紐澳的策展人只需要造訪台灣，就能接觸認識亞洲各國的原住民藝術家，將創造更多交流合作的契機。每次兩人見面時，費南德茲總會笑說：「Charlie，我們還有一個很棒的計畫還沒做呢！」

吳權益說：「我希望有一天，台灣或許可以看到這樣的願景，台灣可以變成世界原住民文化復振的重鎮，這可能也是幫助我們台灣自身與原住民和解的一環。我們不一定要只是嘴巴講講，我們可以把全世界的原住民文化帶到台灣來，共同去認識我們人類悲慘的一段歷史，過去如何對待原住民的那段故事。」

無論是加拿大或台灣，和解之路尚未來到終點，但若有夥伴並肩同行，相信路途上的阻礙終能一一克服。

第五章

與亞洲對話二〇一六：與香港共舞

自二〇一六年起，台灣文化節開啟「與亞洲對話」系列，每年邀請一個加拿大的亞裔社群展開對話，希望能透過這一系列的不同角度、不同議題的思辨，帶給海外的台裔社群一個新的想像：台灣不再是過去需要被肯定、被呵護的對象，台灣已轉變成帶動社會邁向和諧的重要催化劑。

第一年以「思。源」為藝術方針，邀請香港社群一同透過各種不同形式的單元，拋出議題，激盪思辨的火花。

在加拿大華語社群中，香港與台裔這兩個社群的文化脈絡與內在糾葛，頗有相似之處。同樣在中國的身分迷霧下被模糊了面貌，同樣被外來政權長期殖民，而且同樣出現內部分裂：一方面有力爭民主自治的族群，另一方面也有信仰中國為祖國的族群，各有自己的文化認同。同樣在二〇一四年發生激烈的社會運動。

港台二地長大的人們，因為環境與社會發展的差異，各自呈現出獨特的文化風貌，也與其他華語地區截然不同。台灣隨著民主化的進程，人民的生活型態也劇烈轉變；香港曾是世界的金融中心之一，人民所追求的價值也隨著世局的更迭而遞嬗。過去，香港曾是許多台灣人追求財富發展的夢想地，而今則有許多追求生活品質與文化氣氛的香港人，選擇移民台灣。

共同追想我們的「源」

「思。源」二字看似簡單，卻有著豐富的意涵，在文化節網站的展覽說明中，以一段詩歌體的文案為這兩個字破題：

「源是開始，也可以是再開始；
可能是全新的開始，或是夢想的開始，還是不可能的開始？！
我們要思源，是認識過去，是學習成長，是承擔責任，還是解脫束　？
思源是我們創造可能的開始，還是我們捍衛過去的框架？
思源是我們人類進化的根本，還是我們裹足不前的藉口？
思源是我們人性最高的情操，還是我們權力慾望的貪婪？
思源是給我們的一面鏡子，讓我們面對過去跟未來的自我。

思源是給我們的一條道路，讓我們可以為面對未來而選擇。」

台灣與香港共同的「源」，直指中華文化。中國是大部分華語社群的原鄉，在離開原鄉多年之後，離散的人們各自以落腳之地為鄉，融入新的社會，也創造了新的文化、生活方式和價值觀。文化的源頭可以被追溯，但時空移易，文化的起源地早已不是移民當年離開時的模樣；在異鄉落地的移民，或多或少保留著原鄉的風俗習慣，也都已經歷了在地化的過程，並不能區分「這個是中國的」「那個不是中國的」。

採訪ACSEA時，曾討論到加拿大有什麼代表性美食，該團隊成員異口同聲表示：「我們有全世界最好吃的『Dim Sum』和『燒臘』！」這裡的「Dim Sum」指的是廣式茶樓飲茶時搭配的點心，以粵語發音。八〇年代的香港移民潮，有很多優秀廚師移民至加拿大，也讓「Dim Sum」落地生根，成為當地美食的代表。不能因為這種食物源自十九世紀末的中國廣東，就直接標記「這是中國的」。在加拿大的文化脈絡中，「Dim Sum」和「燒臘」已經被涵化為加拿大的一部分，就是加拿大美食。

如果覺得很難接受，「拉麵」是另一個例子。在日語中，拉麵以片假名寫作「ラーメン」，表示這個詞彙是外來語。從哪裡來的呢？從中國傳入，因此又稱為「中華麵（中華そば）」。但它作為日本代表性的美食文化之一，象徵著日本傳統的職人精神，這件事情不會有爭議，因為拉麵已經在地化了，被日本文化涵納，成為日本的一部分。

正視文化流變與落地的現實，才有可能積極展望未來。

在這個論述基礎上，ACSEA透過策展，打開了「思」的空間。華語移民社群常背負著傳承祖先遺訓的責任，香港移民也是如此。

加拿大的香港移民之中，有許多是為了逃離「九七大限」的威脅而選擇移民，他們大多是在香港出生的難民第二代，第一代難民為了逃離一九四九年的中國赤化，攜家帶眷透過各種管道來到香港。對共產黨的恐懼、對祖國原鄉的依戀，交織成複雜的情意結。面對「回歸」後可能發生的清算與壓迫，香港出生的第二代長大成人後，再一次選擇逃離，寧願趁年輕，在相對安定、自由的異鄉從零開始打拚。

這個世代的香港人見面，很容易會聊起「你鄉下是哪裡」，問的是上一代從哪裡逃出來、還有沒有回去「拜山」（掃墓）。若雙方的「鄉下」相同或相近，會立刻轉換成鄉音，用故鄉的方言聊上幾句，拉近彼此的距離。

來自台灣的移民則有不少是美麗島事件、白色恐怖的受難者及家屬，同樣為了自由與安穩，舉家移居加拿大。就算遠離了政治風暴，離鄉背井的傷痛、對記憶中故鄉故人的依戀，對文化傳承的堅持，無論各自的文化認同是什麼，其實都是一樣的。

加拿大人不要「面子」？

「面子文化」（Face Cultures）是「思。源」的展覽單元之一，為設置於主要街區的大型裝置藝術。路過展區時，民眾會看見一個個印有華麗面具的大箱子，猛一看會以為是威尼斯嘉年華會的面具設計展，但如果停下腳步，透過面具雙眼的孔洞望進箱內，就會看見加拿大、台灣和香港大規模社會運動的紀錄照片。

亞洲社會經常會聽到人們說「這樣很沒面子」、「你不給我面子」這類的話，許多人在意「面子問題」，而且幾乎所有華人從小就非常熟悉這樣的面子文化——家醜不可外揚。那麼，示威遊行等抗爭運動是敗壞風氣，還是光耀門楣呢？社會上總會有正反兩面的意見，保守派認為抗爭是製造動亂，進步派則認為是改革的契機。中國在極權的中共政府統治下，民眾抗爭被認定為「搞亂社會」的醜事，就算武力鎮壓也在所不惜，更別提開啟社會廣泛的討論和對話。台灣雖然相對自由民主，政府或輿論卻不一定能以正面開放的態度看待抗爭，經常想要粉飾太平。「這種面子文化讓我們沒辦法面對過去的錯誤。」吳權益期望，當人們在箱子裡看見香港雨傘革命和台灣太陽花學運等社會運動的照片，能夠去反思這些抗爭究竟是家醜還是榮耀，促進對話和討論。

這次策展的靈感來自於溫哥華市中心的「活活百貨」（Woodward's Stores）。為籌備二〇一〇年的冬季奧運，溫哥華開始整頓市容，希望讓國際訪客看到加拿大最美好的一面，活活大樓的重建則成為當時最被討論的一項計畫，融合了社會住宅、公共空間與文化保存等許多議題。新大樓於二〇〇九年落成，作為東區的文化重鎮，活活大樓聚集了許多藝術家，在此設置藝文工作室、電影學校、西門非沙大學的藝術學院，加拿大文化部的西岸分部亦設立於此。園區內，一幅近兩層樓高的巨幅玻璃壁畫，透過照片，向全世界的訪客展示一九七一年溫哥華的煤氣鎮暴動，訴說當年警察過度執法、妨礙人民集會自由的過往。

活活百貨是加拿大擁有百年歷史的百貨公司，創始店活活大樓位於溫哥華東端煤氣鎮

（Gastown），是當地的著名地標，樓頂掛著巨大醒目的紅色「W」標誌，象徵著溫哥華二十世紀的繁華盛況。然而，一九六〇年代的經濟大蕭條，加上都市發展重心向西遷移，煤氣鎮隨之衰微，成為溫哥華最貧窮的地區，遊民和嬉皮在此群聚；活活百貨也在這波大蕭條中沒落。一九七一年，溫哥華市長下令掃蕩地下毒品交易組織，數週後，青年國際黨（Youth International Party）於八月七日在煤氣鎮發起抽大麻行動來表達訴求，要求政府禁止地下化的毒品交易，並主張大麻合法化，共有數千人響應，不料警察竟出動馬匹和警棍鎮壓這些和平抗議人士，後來被視為警察不當使用暴力的象徵性事件。

見證煤氣鎮警暴事件的活活百貨，在九〇年代結束營業後，空置的大樓淪為治安死角，進而成為溫哥華社會運動者的重要基地。二〇〇六年，重建計畫正式啟動，一棟住商混合的新大樓取代了舊樓，並將部分政府機構辦公室遷移到新大樓內。二〇〇八年，溫哥華藝術家史丹・道格拉斯（Stan Douglas）得到社區支持，提出一個裝置藝術計畫：他想要在新大樓前廳入口的玻璃牆上，懸掛紀念煤氣鎮暴動的一幅兩層樓高的巨幅攝影作品（名為*Abbott & Cordova,* August 7, 1971）。這項計畫由開發商出資，讓道格拉斯進行歷史場景重建，以當年的活活大樓為背景，重現煤氣鎮事件當天的鎮暴場面。這個重建計畫不只是重建場景，還招募了八十名演員，耗時三天才拍攝完成。照片中，可以看見警方包圍事發的十字路口，警察騎馬追捕抗議人士，抗爭者或逃竄、或與警察扭打對峙，還有些人被警察強行架上警車，場面生動逼真。

開發商代表在受訪時表示：「這麼做或許有些爭議。這絕對是一張讓人不舒服的照片，但更是歷史的轉捩點。我們對此感到很滿意，我的意思是，我們認為這會引發議論和討論，而這就是藝術背後的理念，對吧？」不過，令道格拉斯大感意外的是，他幾乎沒有聽到任何反對這項裝置藝術的聲音。

大樓重建後，加拿大文化部西岸辦公室和溫哥華文化局，都遷址到這裡，成為活活大樓的一分子。吳權益解析這個舉措背後的象徵意義：「也就是說，它隨時隨地都在提醒那些公務人員：『這是你不能對人民做的事情。』」

溫哥華透過都市更新與重建計畫，重新梳理了這座城市的歷史，也對過往的傷痕提出反省，透過裝置藝術、文化資產保存和文化部門的遷址來回應這段傷痕，讓世世代代的溫哥華市民與來訪者，藉由這些行動省思相關議題，而不是抹除或遮掩。

「面子文化」這個展覽單元，藉由道格拉斯的作品，讓大家一起來想想：「這幅作品給了加拿大最崇高的面子，還是丟盡了加拿大人的臉？」由此延伸，台灣能否把二二八的照片懸掛在總統府的大廳內？天安門事件的照片，是否也能掛在中國的人民大會堂內？如果不能，為什麼不能？溫哥華為什麼可以？民主的精神，究竟是什麼？

在那次的展覽中，被美麗面具覆蓋的歷史照片，包括台灣的美麗島事件、反服貿的太陽花運動，以及香港的雨傘運動。參展藝術家則有台灣設計師聶永真與陳小剛等《天光：太陽花學運攝影集》設計製作團隊，以及香港籍的澳裔攝影師杜可風，他在紀錄片《香港三部曲》中，記錄了雨傘運動當下，香港人的悲愴與壓抑。

美麗島事件發生於一九七九年，美麗島雜誌社等「黨外」運動人士組織民眾，演講、遊行，爭取民主與自由，要求解除黨禁、結束戒嚴。這一波民主運動遭到武裝鎮壓，許多反對國民黨一黨專政的異見人士被迫流亡海外。在這個過程中，加拿大的台灣僑民曾是幫助台灣民主運動發展的一支重要力量。

二〇一四年，台灣發生「反服貿」運動，抗議當時由國民黨執政的台灣政府違反議事程序，強行通過《海峽兩岸服務貿易協議》，允許大陸資本直接赴台成立公司。「反服貿」五個月後，香港爆發「雨傘革命」，爭取香港公民實質普選。自一九九七年回歸中國以來，香港的四屆特區首長都是由親中的選舉委員會投票選出，香港公民無權置喙。為爭取「真普選」、還政於民，運動參與者以黃絲帶為記，從此，黃色在香港成為民主自由的代表色；而鎮壓現場施放的催淚瓦斯，讓參與者必須張開雨傘自保，因此稱為「雨傘運動」。

「面子文化」在多倫多和溫哥華的台灣文化節都有展出，民眾反應分歧，其中頗多耐人尋味之處。非華語社群的觀眾認為這樣的呈現方式十分有張力，但華語社區的居民就會有兩種截然不同的反應：「有些人很好奇，敢去看；但有些人看到就趕快溜走，不希望跟它牽涉上關係。」吳權益說，以前台灣文化節也做過二二八事件的展覽，但台灣的僑民往往會因為立場而先入為主，還沒實際看展前就做出評斷，那年策展團隊希望透過「面子文化」這個主題可以觸及更廣大的族群，創造討論和交流的契機，刺激更多思考。

打開箝制言論與思想的枷鎖

選擇在「與亞洲對話」的第一年以香港為合作夥伴，ACSEA表示，更根本的原因是：「台灣文化一直被認為和中國文化的連接性是很強的，所以我們一定要把這個問題釐清，後面才能做其他事情，所以找了香港社群。」透過與香港對話，將香港、台灣的主體性與特殊性凸顯出來，讓參與者思考二者與中國大陸在文化本質上的不同。

籌備「與香港共舞」期間，ACSEA與許多香港社群的年輕藝術家接洽，其中一位關鍵人物是蕭逸南（Remy Siu），是ACSEA的田調對象與策展顧問。身為香港移民第二代，他在作品中持續挑戰傳統對中國、對香港的看法。他曾以舞台劇的形式做了一系列影片「Foxconn Frequency」，用機械性的聲音與裝置元素，表現工廠生產現場將人當作機械的管理思維，諷刺中國大陸的富士康工廠沒有把人當作人來對待。富士康曾在二〇一〇年爆出多起自殺案件，引起輿論關注，揭發了中國自改革開放以來，工廠制度與社會制度多重壓力下，底層人民被嚴重剝削的現實。

與ACSEA的討論過程中，蕭逸南曾提到，他的父母都是香港人，認為香港是中國的一部分，但他的想法與父母不同，他認為台灣的發展方向，才是他們這個世代的香港人所期望的道路。

適逢香港的雨傘運動結束，蕭逸南也幫忙ACSEA引介香港的藝術家，促成了被香港藝術發展局撤下的藝術作品在加拿大現身。

二〇一六年五月，香港當地藝術家黃宇軒與林志輝，於公共藝術展覽「感頻共振」中推出名為「倒數機」（Countdown Machine）的幕牆動畫，趁著全國人大委員張德江訪港、政治氣氛相當緊張的時刻，在香港最高摩天大樓「環球貿易廣場（ICC）」外牆打出六次一分鐘的倒數計時，最後呈現一串九位數字的倒數秒數，如果不說明，其實沒有人知道那九個數字實際的象徵意義。他們在提案、送審時的作品題目是《從現在開始，我們就是六十秒的朋友》，典故來自香港導演王家衛在電影《阿飛正傳》中的一段對話。在通過審查、正式發布後，二人公開說明那九個數字象徵香港的特殊地位至二〇四七年結束，因此被主辦單位香港藝術發展局撤下。

二〇四七年，是香港回歸滿五十年的時限。鄧小平曾於一九八四年提出「五十年不變」的治港方針，於同年十二月十九日簽訂《中英聯合聲明》時正式載入然而，對於《基本法》中「五十年不變」的承諾，經歷雨傘運動中的警暴鎮壓，以及其後一連串的清算，香港社會對此瀰漫著濃厚的不信任感。

「倒數機」這個作品五月在香港被撤下數個月後，在溫哥華的台灣文化節開幕典禮上再現。原本ＡＣＳＥＡ的構想是在溫哥華街頭設置投影時鐘，繼續將這個倒數讀秒讀下去，但溫哥華的夏天很短，晚上八點才天黑，而天黑之後會在市中心大街上活動的人不多，能見度太低；而且戶外投影裝置的成本太高，預算上無法負荷。

ＡＣＳＥＡ表示，除了執行面的限制，還有政治面的考量：「當時台灣的駐外單位給我們很大的壓力，希望我們不要政治化這個活動，再三叮嚀要小心，所以我們在開幕典禮時，自己安排了一個橋段，在大螢幕上倒數。我不知道有多少人知道那個倒數的意義是什麼，可是我們心中知道，這是為了完成黃宇軒與林志輝想做的事情。」

連結兩岸三地的情感記憶

在這一年的節目中，音樂單元也以港台二地共有的音樂文化為主題。每年台灣文化節的開幕與閉幕音樂會，都是文化節的重頭戲。這一年的開幕音樂會由台裔加拿大指揮家謝建得（Ken Hsieh）擔綱，率領溫哥華大都會交響樂團（Vancouver Metropolitan Orchestra），演出的曲目就是已逝巨星鄧麗君和張國榮的經典歌曲。演出過程中，舞台上搭配兩位巨星的回顧影片，尤其是鄧麗君，深深撫慰了海外遊子的思鄉之情。

獨立音樂和創作型音樂人，對香港與台灣的樂壇都有強勁的影響力，也都積極在作品中反映對社會的觀察與意見，如台灣的農村武裝青年、滅火器、張懸、Utopia等，展現當代青年的聲音。

客家文化是香港與台灣之間一條隱而未顯的連結線。很多人可能認為香港原是廣東的一部分，以廣府（廣州）文化為主，其實香港社會的底蘊是客家文化。香港原屬寶安縣，範圍包括現在的香港島、九龍半島與深圳，因為明清實施海禁，這個區域人煙稀少，直到十七世紀才從鄰近的梅州、惠州、潮州招攬移民屯墾，客家人成為當地的主人。這個脈絡和客家人移居台灣的歷程互相呼應，在「思。源」的展覽中，客家人的日常智慧，如醃漬食品、搗製米製品等文化，不但勾起了香港與台灣社群的客家記憶，因為東南亞有很多客家移民在同一段歷史時期「下南洋」，成為南海各國的一分子，這個主題讓東南亞社區也很有共鳴。

與慈濟的合作則是以「中醫」為切入點，在文化節展場開闢中醫義診區。中醫也是台、港二地共有的文化，這一年，慈濟號召了八十多位中醫，三天內吸引了二千多名民眾前來就診、諮詢，反應非常熱烈，奠定了慈濟在加拿大推廣中醫的計畫基礎。

中國不敢玩的中國文化

「我就是不要你去碰政治，才把你帶到這邊來的！結果你又給我玩政治？！」

這是華語社群中，第一代移民與一點五代（幼年隨父母移民）、第二代之間，普遍存在的世代差異。對政治與社會議題的避忌，讓第一代移民即使遠渡重洋，身處自由民主的國度，也不願以身涉險。「不准碰政治」、「不要當炮灰」、「專心念書好好賺錢」的「家訓」，讓自幼受民主教育、以參與社會、改善社會為己任的下一代感到左右為難。對「中國」的認同與背離，亦是世代之間難解的情意結。

複雜的歷史糾葛使中、港、台的身分區分，很難對其他國家的人說明清楚。相對於中國不斷強調「一個中國不可分割」，台灣社群與香港社群也有不少「厭中」、「反中」的情緒，尤其在「煽動分裂國家罪」無遠弗屆的帽子下，讓「中國」成為必須避談的禁忌。

ACSEA打破這個禁忌，吳權益說：「與其不斷重申台灣不是中國的一部分，不如將中國文化視為台灣文化的一部分，或許更符合現實。」

「與香港共舞」這一年，香港於驚蟄時驅邪的「打小人」習俗，成為展覽的一個單元。不同於原鄉面貌，ACSEA將香港打小人用的鞋換成了台灣的藍白拖，許多來體驗「打小人」的遊客，會將印有習近平圖像的紙片摻進來打，祈禱威權壓制的時代趕快過去，迎來民主天光。

對公共議題的避忌，也讓華語社群對社會參與顯得較為冷漠，不只是政治議題，環保、人權等議題，也較難引起華語社群關注。ACSEA透過社會運動這個主題，將當地的環保組織引入台灣文化節，讓華語社群也能對相關議題產生好奇心。

「閱讀」是另一個在「思。源」中啟動的推廣單元。台灣是全球唯一擁有出版自由的華文版權區域，擁有濃厚的閱讀風氣、質量兼具且觀點多元的出版品。台灣文化節也為台灣書籍、書店文化開闢了一扇窗，邀請中國流亡詩人貝嶺擔任閱讀單元的規劃者，為加拿大的華文讀者選書。貝嶺於二〇〇〇年因為在北京出版《傾向》雜誌，被控「非法出版發行境外文學刊物罪」而入獄，出獄後輾轉流徙美國、台灣，長期關注世界各地在政治迫害下的思想箝制、出版情況與書店生態。這個單元在溫哥華推出時即引起華文讀者的熱烈討論，反映出華語社群對閱讀華文出版品的渴望，這個展覽單元也由此定調為「台灣書店」，由ACSEA的長期志工黃奕蘋接手，根據每年的策展主題選書，由台灣直送至加拿大，除了滿足海外華文讀者的購書需求，也透過延伸子題，開拓讀者的視野。

接手這個單元後，台灣蓬勃的獨立出版與特色書店，啟發了黃奕蘋推出「讀獨書店」的構想：「我只是想要持續鍛鍊自己獨立思考的能力。引燃他人思想的火花，是讀者和那些書那些作者的共鳴。讀獨只不過是讓他們偶遇的一條鄉間小道。」這個構想於二〇一九年落實，期望透過閱讀，支撐離鄉漂泊的移民，在適應茫然陌生的異地時，仍擁有一座獨立思考的精神堡壘，得以錨定自身。

台灣是唯一還有「自由的紙」的地方

「『自由開放』就是台灣最難能可貴的價值。」吳權益說：「這些在中國可能有些敏感的議題，在台灣文化節這個自由的平台上都能暢所欲言。台灣一直可以扮演這樣的角色，不是只有對台灣人好，可能對整個華語世界都是一股很正面的能量，很重要的一個基地。」

透過參展者的發聲來說明『台灣是全世界華語文創作最自由的國度』，最有說服力。」

「自由的平台」這個角色，自二〇一六年起，在台灣文化節中一屆又一屆地延續下來。曾透過交換學生來台就學、獲得五項人權新聞獎的中國記者趙思樂，在台讀書期間，受到台灣民主價值的啟迪，使她決心投身女權與人權的追蹤報導，也讓她受到政治力的多方打壓。二〇一六年，她與異議作家莫之許結婚，接著莫之許因為嘗試探訪病危的諾貝爾和平獎得主劉曉波，更嚴厲的迫害隨之而至。在台灣學者的幫助下，趙思樂偕夫婿來台避禍，並在台出版《她們的征途：直擊、迂迴與衝撞，中國女性的公民覺醒之路》。趙思樂公開表示：「台灣給我的第二份餽贈，來自其在華語世界的獨特存在，這是唯一還有『自由的紙』的地方。沒有台灣，我的作品可能找不到地方問世。」

二〇一八年，趙思樂申請到美國深造，用學生簽證取得較長的居留權，這一條流亡之路才得以稍稍喘息。ACSEA邀請趙思樂出席二〇一九年的台灣文化節，除了介紹她的著作，也讓她得以將多年來的觀察向國際發聲。

在二〇一九年的展覽中，除了趙思樂，中國藝術家周童也名列其中。他的繪畫作品《勇敢的台灣》，以代表酷兒族群的六色彩虹，分別畫出六位在台灣LGBTQ運動史上有重大貢獻的人物肖像，包括祁家威、許秀雯、賴正哲、何春蕤、尤美女和許佑生*，紀念這一年台灣成為亞洲第一個同性婚姻合法化的國家。

二〇二〇年，因為疫情影響，台灣文化節的節目和展品幾乎都改為線上展覽。周童再次受邀，展出他的互動式數位藝術創作「(趣)中國化」。以繽紛色彩繪製具有代表性的華人肖像，包括孫悟空、魯迅、孔子、孫中山、花木蘭和毛澤東。只要將游標移到這些肖像上，這些人物就會鬥雞眼並吐出舌頭，露出俏皮的表情。

吳權益也參與了創作的發想階段：「我一直想談『去中國化』對中國人是什麼感覺，尤其是對生活在海外的中國人。」這一年因為新冠肺炎疫情，各地的反中、反華情緒都更甚以往，更適合來討論這個議題。周童選擇這些外界看待華人文化經常會聯想到的角色或人物，讓他們做出像愛因斯坦吐舌頭的表情，期待能夠軟化外界對中國傳統的刻板印象。同時，周童也希望能夠刺激中國人去思考能夠做些什麼來改變現況，他提到：「我覺得其實在很多刻板印象當中，所有的華人也可以試著去用一些幽默的方式，來反思一些傳統的中國文化當中好和不好的東西。好的我們可以繼續保留，不好的東西我們可以去改變它，讓它可以成為一個與時俱進的東西。」

「自由的平台」不只是思想上的自由，也是身分上的自由。譬如說，雖然兩岸有政治與認同上的衝突，但中國移民來台灣的歌手一樣可以發光發熱，甚至也曾受邀在台灣文化節上演出。台灣的開放性提供了舞台與養分，讓來自世界各地的人才都能在這片土地上成長茁壯。二〇一九年香港發生史上規模最大的民主運動，包括銅鑼灣書店創辦人林榮基、知名作詞人林夕、演員黃秋生，都因為異議言論與立場而輾轉赴台。此外，馬來西亞導演蔡明亮、張吉安，音樂人黃明志，以及緬甸導演趙德胤，都是因為留學台灣或其他機緣，以台灣為創作的基地。

除了與台灣密切相關的這些知名人士，ACSEA也積極結合溫哥華與多倫多的當

＊註釋：祁家威為台灣同志運動人士，曾經透過各種法律途徑爭取同志婚姻權益，長達三十多年。二〇一五年，他針對登記結婚遭拒一事提出釋憲聲請案，最終促成台灣於二〇一七年通過同性婚姻合法化法案。許秀雯為執業律師，也是台灣伴侶權益推動聯盟提出的多元成家法案起草人之一，以及二〇一五年祁家威釋憲案律師。賴正哲為晶晶書庫的創辦人之一，晶晶書庫是台灣同志運動重要的台北基地，也是華人地區第一家同志文化主題書店。何春蕤為國立中央大學英文系教授，召集創辦中央大學性／別研究室，長期投入台灣的性權與女權運動。尤美女為全國不分區立法委員，長期投入婦女運動，並在兩屆立委任期間推動同性婚姻法案不遺餘力，而被LGBTQ族群暱稱為「同婚女神」。許佑生為性學家、作家，曾於一九九六年與烏拉圭籍男友舉辦台灣第一場公開的同志婚禮。

地社群，英屬哥倫比亞大學的學生社團沸思劇社就是其中之一。沸思劇社的成員大多是中國、香港的留學生或移民第二代，以劇場表演的形式探討在中國無法談論的話題，如言論自由、性別平權或原住民議題等。他們的活動即使在疫情封城期間也沒有停歇，繼續用網路進行互動式演出「線上故事會」，由素人演員公開訴說與家人的世代衝突、出櫃、跨性別的經歷與煩惱，十分勇敢。學生社團的經費拮据，吳權益期許，台灣文化節就像台灣社會一樣，若能給予理念契合的夥伴機會與協助，提供他們更好的資源和舞台，不但能幫助社群成長，也能給予彼此無限的可能性。

面對自由的框限，台灣可以做什麼？

無論是二〇一五年的反服貿、雨傘運動，還是繼雨傘運動而起的二〇一九「反修例」運動，以及參與人士後續面臨的清算、判刑與流亡，這些年來發生在兩岸三地的社會運動，一直是ACSEA持續在關注的議題。

對台、港社會議題的關注，在加拿大要獲得支持並不容易。「我們得不到第一代香港人的支持。有些第一代雖然年紀也很輕，但為了商業利益，他們也不太敢去碰。雨傘運動的時候，他們也曾經充滿激情，想要去表達意見，可是其他人會告誡，讓他們擔心一旦表態，可能再也回不了香港，而很多家人都還在那邊。慢慢地，就安靜了下來。」

這些正在發生的議題，讓ACSEA有了很好的話題與香港社群展開對話。其中一間提供贊助的媒體公司就曾向ACSEA反映，擔心議題太敏感。在溝通的過程中，ACSEA也更深入理解了香港社群的某些特性，比方希望維持既有的自由度與空間，不要引起老闆注意、加強控管。諸如這類的侷限，正是香港社群的難處。

話說回來，藉由對話，台灣文化節可以帶給香港社群什麼呢？吳權益說：「因為是第一年，那時候的對話可能是最不成熟的，我們也還在摸索。考慮到後來的情況，現在做這個主題，可能會是最好的時機。像『倒數機』這個的例子，當年因為有這些壓力，它實際上沒有產生很大的效應。如果當時我們有今天的資源，可能會把這件事情做得更大。你在香港做不了的，我們可以在加拿大幫你接棒。台灣也許也可以接棒，但台灣又有另外一群人認為太敏感，我們在加拿大做這件事，比較不會有那麼大的阻力。」

這一年與香港社群的合作，是開始，而不是結束。二〇二一年，ACSEA以「儒枷」為主題，邀請了韓國社群擔任對話嘉賓，從「儒家文化」這個主題擴展，反思君臣、父子等倫理議題。不只是韓國，香港社群同樣也面對類似的枷鎖。目前ACSEA正在與香港出生的溫哥華劇場藝術家陳嘉昊（Derek Chan）合作，他正在計畫將舞台劇《黃色物體》（Yellow Objects）改成網路互動式遊戲，以彌補二〇一四年未能參加雨傘革命的遺憾。* 這齣戲在加拿大演出，受到各大媒體矚目，卻未曾獲當地華文媒體報導，期望能透過台灣文化節的平台，與當地的華語閱聽眾相見。《黃色物體》的案例只是其中之一，香港民主運動追求自由的祈願，正透過海外各單位的串連，持續在全球進行，遍地開花。

---

* 註釋：「黃色物體」一詞源自二〇一九年反送中運動，警方毆打一名身穿黃襯衫的男子，被民眾用手機錄下影片。警方被質疑濫用暴力時，辯稱被毆打的民眾是「黃色物體」。

第六章
與亞洲對話二〇一七：與日本乾杯

二〇一七年，台灣文化節展開第二年的「與亞洲對話」系列活動，推出「與日本乾杯」，梳理台灣在日治時期的歷史，以及台日錯綜複雜的關係，並且從中尋找與加拿大各社群連結的可能性。

說台灣與日本關係密切，應該沒有台灣人會反對。日本殖民台灣五十年，留下的影響和痕跡有好有壞，台日的連結也一直延續到今天。至今，台灣仍有人仇視日本，也有人常把「台日友好」掛在嘴邊，可見台日關係的一言難盡。ACSEA試圖透過策展，去探索台灣與日本文化的交錯、歷史的淵源與生活的對話。

不過，最初策展團隊對日本議題的關注，其實是源自於ACSEA的顧問楊正昭醫師。楊醫師於一九三二年在台灣出生，兩歲時舉家搬遷到滿洲國，當時的國籍是「日本」。回到台灣後，一九四五年日本戰敗投降，他的國籍變成「中華民國」。六〇年代時，他到美國讀醫並執業，一九六四年移民加拿大後，國籍又變成「加拿大」。

在這個過程中，楊醫師的身分認同一直在轉變。楊醫師在台灣出生，兩歲時搬到滿洲國，直到十三歲才回到台灣，並於二十七歲赴美留學，再移民至加拿大。楊醫師雖然對滿洲國印象薄弱，但成長於日治時期的他，比起陌生的「中華」，日本與日文更有親切感，而他最核心的文化認同則是「台灣」。即便已經歸化加拿大多年，楊醫師對家鄉的關注未曾中斷，在白色恐怖期間參與了許多海外的台灣社會運動。至今他仍活躍於各個加拿大的台灣社團，對於第二代和第三代的台裔加拿大人也多有支持和提攜。

從這位台裔前輩的經歷出發，策展團隊思考著：從日本殖民時代走過來的台灣人，他們歷經什麼樣的歷史？執政者從日本殖民政府換成中華民國的國民政府，人們必須面對「再來一次」的文化清洗與國族認同大改造，台灣出現了哪些特殊的文化現象？這些記憶與加拿大的日裔之間，是否存在著共通性？

日裔加拿大人的三種典型

日裔族群在加拿大的歷史相當悠久，第一位日裔移民永野萬藏於一八七七年落腳於維多利亞市，距今已近一百五十年。第一波移民加拿大的日裔大多從事漁業，在加拿大已繁衍至第六代。二十世紀初開始有第二波、第三波的移民潮，移民加拿大的原因則十分多樣，但除了第一波移民，之後的日裔移民多是受過良好教育的知識分子。在這漫長的歲月中，青年世代的日裔只剩下名字還看得到日本的痕跡，在生活習慣、價值觀等文化層面，已近乎徹底加拿大化，對日本的記憶很模糊，也不太清楚祖輩的遭遇。

然而，青年世代可能未曾覺察到，日裔在加拿大曾是被歧視的二等公民。他們的長輩通常不願意再提起過去的傷痛，尤其是二戰期間曾被迫遷至集中營的不人道對待。直到一九四九年，日裔才獲得投票權，享有與白人平等的社會參與權利。

泰瑞．和多田（Terry Watada）是加拿大知名的日裔藝術家，創作詩、小說、戲劇和音樂，多產且活躍，一開口就能感受到他的親切和開朗，也十分積極為日裔社群發聲。他將加拿大日裔這段不堪回首的歷程，轉化成小說《三喜》（*The Three Pleasures*）。一九四一年，日本偷襲珍珠港，激化了美國與同盟國對軸心國的攻擊行動。加拿大為了避免日本間諜藉由日裔族群滲透，便以強硬手段將國內的日裔人士全面安置在集中營內，嚴加控管。和多田在書中將三種不一樣的日裔加拿大人，化成三個角色，帶出那個時代日裔所面臨的種種艱難。

和多田是在加拿大第三代的日裔作家，與台灣文化節團隊在多倫多相遇。直到十九歲，和多田才知道日裔加拿大人在二戰期間曾被迫在集中營生活，而他的家人從來不談這些事情。在和多田的引介下，台灣文化節開始了與日裔社群的交流，尤其是日本在加拿大的第二代、第三代、第四代的故事。隨著團隊的田野工作越來越深入，他們發現加拿大日裔的這段歷程，和台灣在國民政府時代經歷的二二八與白色恐怖頗為相似，是一段非常悲哀的歷史。

和多田致力於透過寫作去打破一般人對「日裔」的刻板印象，這也是台灣文化節一直努力在做的事情：「我們每個人可能都有很多別人不了解的經歷，不能用既有的刻板印象來定義。」

在《三喜》中，三個主要角色，象徵了日裔加拿大人的三種典型：一位是遊走於法律邊緣的黑道，為了自身利益，只要有錢賺，什麼都願意幹；一位是漁夫，他認為自己是加拿大人，不想再被當成日本人看待，為了照顧加拿大當地人的福祉，奉獻了自己的生命；第三個人則是徹底的日本右翼，將日本天皇視為唯一寄託。不只是日裔，這三種類型在加拿大的移民社群中也都看得到，包括台灣社群中也有主張「商人無祖國」的人士。

台灣文化節團隊與和多田初見時，在多倫多的咖啡廳裡聊了大約三個小時。一開始，和多田很好奇台灣文化節想談的「日本」究竟是什麼，雙方在溝通的過程中發現，彼此真的有許多共通性，可以透過彼此的故事脈絡建立連結。和多田說：「你知道嗎？日裔在加拿大已經好幾代了，這麼多年來，沒有一個族裔會跳出來做這種事，日裔自己也不會跳出來，用這種方式來讓自己、讓他人認識日裔在加拿大的處境。」

與和多田的對話中，也可以感受到日裔族群一直在摸索自己在加拿大的歷程與定位。在情感上，和多田是以加拿大人的角度去寫這本小說，他認為日裔不需要為了成為加拿大人，和自己文化上的根（日本）「脫節」，脫節後反而會失去了自己的特色。

和多田小說中三種不同的角色，反映出移民認同的光譜，一端是母國，一端是移民國，每個移民總會隨著生命經驗和思索的轉變，在這條光譜的兩端間移動。吳權益說，那三個角色也可以跟不同樣貌、不同年代、不同思維的台灣人來對照。至於他自己，則是與和多田本人的立場較為相像：「我是台灣人，也是加拿大人，它們都是我的一部分。」

這樣的雙重認同看似互斥，事實上並不然。楊正昭醫師曾說：「愛台灣和愛加拿大，兩者並不衝突。」既然移民加拿大，就必須關注身旁的本地事務，「台僑唯有投入當地社區活動，成為社區的一部分，才能得到社區民眾給予的尊重。」這也是ACSEA一路走來的核心價值之一，要在加拿大談台灣，就必須先了解加拿大，包括加拿大的主流社群，以及原住民和移民等少數族裔社群。

小說家茱莉亞・林（Julia Lin）曾以二十世紀旅居加拿大之台灣人的歷史成長背景為素材創作小說《命》（*Miah*），是台裔加拿大人首次在加拿大發行的小說著作。二〇一七年九月，她推出以楊正昭醫師的故事為本的傳記式小說新作——《緋紅色的陰影：在滿洲、台灣和北美的一生》（*Shadows of the Crimson Sun: One Man's Life in Manchuria, Taiwan and North America*）。

在這一年的台灣文化節「希望講堂」（Hope Talk）單元，邀請茱莉亞・林和楊正昭醫師出席講座，從小說家和主角本人的觀點，分享楊醫師牽連起日本、台灣和加拿大三地的人生故事，探討文化與族裔認同的議題。

日本的痛，台灣知道

除了大時代下，身為少數族群和移民處境的經驗，台灣和日本也可以在外交領域中找到對話的空間。在北美的外交策略上，日本的外交官會去尋找當地真正有影響力的族群，不限於歐裔白人。他們會在亞裔族群中尋找有影響力的社群領袖，吳權益也曾被邀請參加日本外交部的聚會。

在加拿大的外交場域上，日本受歡迎的程度可以排得上前三名；但只要華文媒體或中國的外交單位在場，日本就顯得很尷尬，因為中國方面會一直要求日本政府針對慰安婦、南京大屠殺等歷史議題道歉。只有在推廣赴日旅遊觀光等有實際經濟利益的領域，中國媒體才會以正面的方式報導。在加拿大，有華裔背景的政治人物，為了照顧自己的選民，也會在國會中持續對日施壓，推動要求日方道歉的法案。

台灣文化節的位置也因此顯得相當微妙。「與日本乾杯」的活動中，策展團隊呈現了日本殖民台灣時的正面影響，同時也談及負面的種種舉措，但在過程中，讓日本的駐加拿大外交官感受到，台灣文化節似乎是一個比較友善的平台，可以在對話的過程中暢所欲言、講他們想講的話，而不會引起衝突或是在報導中被粗暴地消音。因為這次的經驗，讓他們覺得台灣文化節是一個可以好好合作的單位。直到現在，日本的領事館都會固定每一段時間找吳權益聚餐，吳權益也會在與日方的互動中清楚表達台裔社群的立場和意見。

比方向中國與戰爭罪行「道歉」的疑問，日本駐加總領事也曾回應吳權益的提問，羅列出過去向國際各方道歉的文獻紀錄。吳權益問：「那為什麼人家還一直要求你們道歉？」總領事說：「中國只接受一種道歉。」「是什麼樣的道歉？」「基本上就是要官員站成一排鞠躬、賠款、寫進教科書的這種道歉。」

然而，要日本這樣道歉是很困難的。畢竟這一代人和戰爭世代已隔了相當久遠，現在的日本也無法償還戰爭時造成的所有損失。即使日本已公開道歉，但中國的族裔還是很堅持，一定要將這一段歷史寫進加拿大的教科書。

「面對中國持續的施壓，日本的痛，台灣知道。」吳權益說：「日本的外交官可能是想要一個平反的平台，需要有個管道去講其他角度的事情。在合作的經驗中，他們可能覺得台灣文化節是一個滿好的合作夥伴。」

被殖民的受壓迫感，韓國、香港和台灣族裔都感同身受，只是壓迫者的角色各有不同。無論如何，現在要尋求的應該是和解，而不是千方百計逼迫對方道歉。中國再三逼迫日本道歉的同時，我們也要問，他們何時才要為文化大革命和六四天安門事件道歉？

源自中國，更勝於中國

為了策劃「與日本乾杯」的節目內容，ACSEA在前一年便實地造訪日本，親臨感受當地的文化氛圍。當時，他們拜訪了千代紙老鋪菊壽堂，印上精美花色的和紙稱為「千代紙」，製作方法已經傳承千代，因而得名，這類的和紙多為裝飾所用，成為日本包裝文化的代表。

他們從職人後代口中聽到一個意想不到的故事。對方拿出一份雜誌的剪報，上面印著梵谷的名畫《唐吉老爹》，這幅畫的主角雖然是巴黎一間畫材店的老闆唐吉先生，背景卻是日本的浮世繪。看似風馬牛不相及的組合，源自於梵谷對日本藝術的熱愛。

「日本主義」風潮在十九世紀下半葉席捲歐洲畫壇，而梵谷正是其中數一數二的瘋狂粉絲，收藏了上百幅的浮世繪作品。當時包裹浮世繪畫作送往歐洲的包材正是色彩繽紛的千代紙，而菊壽堂的後代在《唐吉老爹》肖像的左右下角，竟然發現家傳的千代紙圖樣設計。梵谷並沒有因為將日本藝術風格融入自己的創作，就被視為日本畫家或失格的法國畫家，也沒有遭受「不正統」的攻擊。吳權益從中體會到，在藝術文化領域，相對沒有政治或族群認同的沉重包袱，反而能夠開拓出高度的流動性與可能性。

談到日本紙藝，當然不能不提摺紙和紙扇。ACSEA也造訪了日本的紙藝大師小林一夫，以及松根屋的第四代傳人。小林一夫是御茶之水摺紙會館的館長，長年致力於推廣和傳承日本紙藝文化，包括摺紙及和紙的製作。而松根屋則是東京淺草橋、創立於一九一四年的百年扇子老店。

令團隊成員意外的是：「他們對紙和扇源自中國的介紹毫不避諱，但是對日本的發展更是驕傲。」吳權益說，即便紙張和扇子都不是日本人原創的產物，日本人仍能發展出自成一格的文化與職人精神：「這樣的民族自信，是我們發現台灣缺乏的。因為政治的關係，有些台灣文化的論述很怕連結中國，或許找到了主體性後，台灣可以跟日本一樣，很驕傲地去表達自己的文化。」

得到這些啟發後，ACSEA在台灣文化節推出「玩紙藝術」單元，除了有日本的摺紙、千代紙和紙扇文化展覽，還和加拿大的日本摺紙老師合作，現場教學大小朋友動手摺出一朵朵的鬱金香，插在大街旁，儼然成為一片五顏六色的鬱金香花園，甚至連蜜蜂都被誤導，在紙花之間穿梭飛舞。

日本的紙藝以外，還展出了台灣當代剪紙藝術家謝寧的原創作品，以及台灣火花文史家蔣敏全的火柴盒收藏。當時年僅十七歲的謝寧也在現場做剪紙教學，很受大小朋友歡迎，他的作品以動物和美國好萊塢的英雄電影角色為主。文史工作者蔣敏全蒐集了大量日治時期、日本製造的火柴盒上，都貼有印刷精美的貼標紙「火花」，上頭印著各式各樣的訊息，包括可口可樂的廣告、政令公告和宣導，在人們抽菸點菸時傳播開來。火柴盒不僅是火柴盒，更是當時傳遞資訊的媒體，裡頭蘊含著日治時期台灣庶民生活的風景，也道盡了台灣與日本之間的連結。吳權益表示：「我們不是單純只要你去看火柴盒，我們要講的是殖民，但是用這樣的媒介切入，拐個彎去談台灣的脈絡。」

台灣繪畫中的多元色彩

台灣人不是沒有在異文化中建立主體性的能力。二〇一七年台灣文化節在「我是誰？！」單元中，回溯一九三〇年代的台灣藝術家陳澄波、陳清汾、楊三郎等人，並結合八位當代的台灣畫家，在溫哥華美術館前展出他們的繪畫作品。透過這些其人其作，去訴說在日本引進的西洋油畫和水彩畫技法中，台灣的前輩畫家如何走出自己的路。

ACSEA為此訪問了陳澄波的長孫，也是陳澄波文化基金會董事長陳立栢。他們發現陳澄波儘管慣用西畫手法，卻有不少作品在描繪台灣的山海景致，可見他對山林和大自然的熱愛。陳澄波還有些速寫作品呈現出原住民的生活樣貌，從畫中的線索看來，陳澄波是從嘉義上山、深入部落。基金會也正在研究陳澄波與原住民之間互動的歷史，畢竟，在那個時代要能進入部落，他必須和原住民要有一定程度的友好關係，否則可能會有生命危險，可見畫家對台灣深刻的認識與耕耘。

ACSEA特別選擇梵谷的《唐吉老爹》和陳澄波的畫作《西薈芳》來為這場展覽破題。「西薈芳」是嘉義的一間歡場酒家，雖說台灣酒家是源自於中國妓院酒樓文化，西薈芳供應的卻是台灣的「本島小吃」。畫中不難看出日本的元素，酒家對面搭設的白色遮雨棚是一間日式喫茶店，右側大樹下的攤車懸掛的旗子寫著日語的「冰」，不過除了冰品外，還有販售西瓜等熱帶水果。而街上有三名撐著「歐洲舶來品」陽傘的女子，分別身穿旗袍、和服及洋服。「這幅畫融合台灣、日本、歐洲、中國的元素，表現日治時期台灣多元文化和諧共存的景致。」也是在這幅畫之後，陳澄波開始大量創作以故鄉嘉義為主題的作品。

吳權益說：「文化藝術的流動似乎無法受到約束，表達自己喜愛的元素似乎也沒有國籍或地域的限制。」無論是日本的紙藝或以西畫描繪故鄉的台灣畫家，都是在外來的文化藝術上，揮灑著自我的樣貌。儘管認同往往被政治操弄，強加於人，我們卻能在藝術中擁有尋找主體性的自由，站穩自己的腳步。

「我是誰？是誰決定？答案就在你自己身上！」

開幕音樂會上響起《台灣舞曲》

台灣文化節每年都會在開幕或閉幕時舉辦音樂會，這是從一九九〇年開始舉辦的「台灣作曲家之夜音樂會」延續而來的傳統。這些年來，除了演奏台灣作曲家或台灣知名的曲目外，策展團隊也試圖在古典音樂領域創造更多的連結。

二〇一七年，台灣文化節開幕交響音樂會由溫哥華的大都會交響樂團演出，樂團指揮是台裔指揮家謝建得，他是日本的國際指揮大師岡部守弘（Morihiro Okabe）生前的關門弟子。演出的曲目有久石讓的樂曲，以及七〇、八〇年代從日本引進翻唱的港台流行歌曲，而拉開序幕的是台灣音樂家江文也的作品——《台灣舞曲》。

江文也於一九一〇年出生於日治時期的台灣，在廈門長大，一九二二年前往日本就讀中學，中學畢業後，熱愛音樂的他在高等工業學校就學期間，利用晚間的閒暇時間在東京上野音樂學校選修聲樂，從此開啟音樂之路。他更是在幾乎無人指導的狀況下，靠著為管弦樂團抄譜等自我進修，學習作曲。

一九三四年，江文也隨台灣同鄉會的鄉土訪問音樂團回台巡演，受台灣的人情和景色啟發，在返日搖晃的船上創作出管弦樂的〈白鷺鷥的幻想〉一曲，獲全日本音樂比賽作曲組第二名，之後更是屢次獲獎。一九三六年，江文也改編他以故土台灣為靈感的創作，譜出《台灣舞曲》，代表日本贏得柏林奧運音樂比賽的獎牌。一九三八年，他為了想擺脫在日本二等公民的身分到北京任教，無奈戰後卻因為和日本的淵源，被國民黨政府視為「文化漢奸」，爾後又遭到共產黨的文化大革命批鬥、下放勞改，一九八三年在中國潦倒病歿。

他一九七八年創作遺作〈阿里山的歌聲〉，儘管並未完成，但裡頭帶有母親從小唱給他聽的山歌旋律，他離世前依然沒有忘記故鄉台灣，曾留下這樣的文字：「我一直認為那個美麗的『白鷺之島』的血液是無比優秀的，我抱著它而生，終將死去。」

江文也雖然在日本接受西方的古典音樂教育，但十分擅長在作曲時融入台灣元素，作品獨樹一格，而他也不是唯一這麼做的台灣作曲家。「與日本乾杯」的開幕音樂會演奏《台灣舞曲》，訴說江文也的故事，娓娓道出台灣與日本的連結。

同年，策展團隊舉辦了小小音樂家的選拔，希望能有年輕音樂家參與這場音樂會，創造出跨世代的對話，勾勒出「台灣音樂家」的樣貌。

台灣能有自己的音樂嗎？

在徵選過程中，吳權益意外發現，現在的年輕孩子學習西方音樂，從來都不會學習台灣作曲家的作品：「我們請他們提出曲目，幾乎每一個孩子都選擇西方的作品。然後爸爸媽媽都要他們去參加什麼維也納、德國、俄羅斯的比賽，就把那些東西好像都變成是他們學習音樂的一個原因。」吳權益不禁納悶：「那台灣在哪裡？」

二〇一八年，ACSEA再次為音樂會徵選小小音樂家，但和去年不一樣的是，為了加強與台灣的連結，引導這些年少的音樂學子看見台灣，他們再次和前一年協助展覽規劃的楊三郎美術館合作，在美術館舉辦徵選。協會請當年參與的小小音樂家選擇一幅楊三郎老師的畫作，再從畫中的台灣景色發想，去選擇演奏的曲目。

「我們當時比較阿Q的想法是，用這樣的方法讓台灣的孩子去講台灣的故事，卻發現非常非常難，他們幾乎沒有辦法講出來。」吳權益發現這不僅發生在年輕一代，現今正在國際上活躍的音樂家也是如此，台灣有優秀的作品和技術純熟的演奏家，但音樂家卻不會講自己的故事。「這些小小音樂家在全世界成績那麼好，到處去比賽，可是他們出去都沒有辦法介紹台灣，只能說著『I'm from Taiwan』。」吳權益不禁惋惜，日治時期有許多台灣藝術家運用外來的繪畫或音樂手法，來展現自我與台灣的主體性，然而這樣的精神卻幾乎無法在現在的台灣音樂學子身上看到。

「小小音樂家」這個節目只做了兩年，吳權益坦言，無法繼續下去的原因除了缺少台灣元素，還有另一個原因是家長。台灣文化節的音樂會都是與在地的交響樂團合作，卻被家長質疑這樣的樂團不夠頂尖優秀，更讓吳權益感嘆的是這不是他第一次，也不是最後一次聽到類似的言論。台灣人總喜歡追求頭銜和對等的規格，卻忽略更重要的意義，因而錯過了許多交流的機會。

不過，台灣文化節有一年的音樂會順利搭起了對話的橋梁。在二〇一三年的閉幕音樂會上，由謝建得組織領銜的溫哥華大都會交響樂團，與台東的打擊樂團Amis旮亙樂團*攜手演出。吳權益回憶起當年籌備音樂會的過程，雙方都在第一時間就表示非常樂意合作，開始討論演出內容後，大都會交響樂團才發現Amis旮亙樂團沒有使用樂譜，樂手們紛紛驚呼：「哇！我們竟然要跟一個不看譜的樂團合作！」音樂製作人謝宗翰協助將Amis旮亙樂團的曲子轉化成簡單的樂譜，讓大都會交響樂團演奏時有所依據。「一個看譜，一個不看譜，竟然可以這麼協調地演出，他們都認為那次的音樂會是超級棒的體驗。」那年的經驗讓吳權益十分難忘，也讓他相信這樣友善而美好的合作是可能的。

「到底是誰在設限我們講台灣的故事？好像到頭來是我們自己吧！」只要台灣人願意放下許多包袱和框架，好好認識自己與我們生活的這片土地，培養出自信和驕傲，無論是用什麼媒介——混合外來元素或忠於傳統原貌——或許我們都能找到空間去表達自我和台灣，讓台灣被看見，而且無可取代。

＊註釋：旮亙（Kakeng），即竹鐘，為阿美族傳統婚禮女子招贅時用來報喜傳訊的器具。Amis旮亙樂團成立於一九九九年，透過田野調查和文獻研究保存部落正在消逝的樂音，並傳承給新世代的族人，他們極具特色的演出融合阿美族傳統的歌謠和打擊樂器，曾多次獲邀至海外演出。二〇一二年自創專輯《Ina的童年》入圍金曲獎最佳原住民語專輯，也獲得許多音樂獎項的肯定。在二〇一三年全國鼓王爭霸賽中，更榮獲世界鼓樂類團體組冠軍金鼓王殊榮。

第七章

與亞洲對話二〇一八：台灣想菲

一九七〇年代，菲律賓因為人口爆炸、經濟不景氣、政治戒嚴等因素，有許多人為了尋求更好的生活，移居有勞動力需求的加拿大。當時的菲律賓移民多是擁有學士學位的技術人才，投入製造、銷售、服務等產業，隨後也有許多勞工的家人依親移民。

一九八〇年代，加拿大的勞力需求改變，菲律賓人以居家看護工的身分移入加拿大。至今菲裔移民的人數中，女性高過男性約一成，居住區域大多集中在工作機會多、英語省分的大城市，如多倫多、溫哥華和溫尼伯（Winnipeg），社群關係十分緊密。

儘管移民加拿大的歷史並不長，但菲律賓已經超越印度和中國，成為加拿大現今移民人口最多的來源國，而且移民人數高居第一長達十餘年之久。根據二〇一八年的人口普查資料，包括永久居民和暫時性移工，加拿大的菲裔人口已經超過九十萬人，也是東南亞裔之首。

近在眼前的陌生人

雖然身邊有許多的菲裔人口，加拿大的台裔社群卻對他們少有認識。

吳權益的妻子是在馬尼拉出生的台灣人，弟弟的妻子則是菲律賓人，都是在美國認識的。儘管如此，他卻是在籌劃二〇一八年的台灣文化節時，才有機會認識菲律賓社群：「他們竟然會說：『你是我們半個菲律賓人。』那時候我才意識到，我們身邊真的有很多這種『關係』，但我們因為各種刻板印象的限制，所以沒有予以重視，或是刻意忽視。」妻子的家族雖然在馬尼拉生活，和當地大多數的華人類似，並沒有真正融入菲律賓社會，有時也會稱呼其他菲律賓人為「番仔」。

「在所有的『與亞洲對話』系列中，菲律賓帶給我們的衝擊最大。」吳權益這麼形容他們在活動籌劃期實地造訪菲律賓的那趟旅程，有許多遭遇挑戰了他們自己原來對生活面貌的想像，而其中最令他們難忘的是人與人之間的緊密關係。菲律賓的人際互動非常溫暖親密，即使經濟上不富裕，他們卻不吝對彼此伸出援手。

當時，策展團隊包車的司機載他們去海邊，停在路邊時，看見旁邊很多人在賣瓶裝水。吳權益因為擔心衛生問題，原先對這種路邊賣的水有些疑慮，他問司機先生：「這水你會買嗎？」沒想到司機說：「會啊，因為那個水只有他們能賣，那是一個社會企業。這些遊民平常沒有工作，這家水公司是定時定點把水載到一個區域，讓他們在街上幫他賣，這些遊民是這家水公司唯一的通路。」

到了海邊，他們停下車，有群小朋友立刻靠過來乞討，司機下車時叮嚀他們：「你們不能給他喔，你一給他的話，他回家後就不去上課了，因為家長會要他們出來繼續乞討。」可是司機自己卻給了他們一些錢，讓那些小朋友幫他顧車。在菲律賓時，吳權益常常能在這種小地方感受到菲律賓人溫暖的善心：「如果你沒有這麼近距離地去接觸他們，你也很難認得這些東西。」

菲律賓人際關係的緊密具現在日常生活之中。當地有一種車叫做吉普尼（Jeepny），最早是美軍在二戰時留下的吉普車所改造而成的小型巴士，也是地方大眾運輸的要角，連接小地方之間的交通。乘客隨招隨停，跳上車把錢傳給司機，到目的地就再跳下來。每一輛車的外觀都佈滿了鮮豔的彩繪、廣告或標語，展現著司機的個人風格，十分有趣。吉普尼更曾被視為菲律賓文化的象徵，在一九六四年的紐約世界博覽會上展出。

即使天氣又濕又熱，他們依然不分男女老幼，每天都和大家並肩靠在一起搭巴士。「這就是菲律賓人跟人之間的親密感，即使到了加拿大都還在，他們是喜歡跟人黏在一起的。那種群聚的感覺就跟我們不一樣。」吳權益也發現，只要和菲律賓人打過招呼、友善回應，他們很快就會把你看作是好朋友和家人。為了呈現這樣的人際關係，ACSEA

在活動現場用厚紙板搭了兩輛吉普尼，讓民眾可以感受這樣的文化，探討人際互動的親密與疏離，並傳達「人與人之間的距離是可以更接近的」。

不分彼此的菲律賓

菲律賓雖然是個多元族裔的社會，卻不特別強調每個人的族裔，因為早已混血到難以區分。有一種人被稱作「麥士蒂索人」（mestizo），是西班牙在十六至十九世紀間殖民菲律賓所出現的族群，指的就是西班牙人與當地原生的南島語族人所生下的混血後代。這個詞的拉丁字源原意是「混合」，後來被用來泛稱所有菲律賓外來人口與原生族群的混血，外來族裔包括了西班牙人、華人、印度人、馬來人等等。

在和加拿大當地的菲律賓社群互動的過程中，吳權益發現他們不太去談「根源」。這群菲裔朋友大多只會燦爛地笑著表達「這就是菲律賓哪！」、「這就是我們！」他們在意的是「此時此刻」，總是活在當下，在意自己當下的感受。

這樣的現象讓他們反思加拿大和台灣，有天是否會像菲律賓一樣，不再去區分族裔。

吳權益說：「台灣現在還在整理自身與土地的關係，還在想辦法在地化，但，有沒有人去想像，未來台灣會是什麼樣的文化？這個文化涵蓋了多元文化的特質，但它已經沒有辦法被區分為『這是誰的文化』，比方客家文化已經染上了原住民、越南等文化，有沒有人在思索這個問題？」

雖然台灣還沒有走到這一步，菲律賓卻給予他們未來的藍圖和想像。「我一直相信所有的好東西有更高、更寬的包容性，可以讓這一切都包進來，讓大家一起去追求那個共同的目標。」吳權益說，這也是ACSEA多年來想要去創造的空間，去找到超越你我的共識和目標。身為加拿大的少數族裔，他看見許多台裔在訴說自己的文化時，總是想要尋求認同、保護自己的地位，雖然可以理解這樣的心情，可是這麼做卻反而排拒了不同的價值觀和影響。

「在策劃台灣文化節、LunarFest的過程，其實都是在探索自己的文化，多過於想要別人改變什麼。可是這個探索的過程中，我們的方法可能和大部分的台灣人不太一樣。那個方法是，和我們身旁的一些族群討論，我們有什麼方法可以在一起？而不是只是在說明『我跟你有什麼不一樣』。」

菲律賓的台灣、台灣的菲律賓

台灣和加拿大一樣，來自菲律賓的移工和移民也是台灣社會重要的一分子，但主流社會卻同樣將許多刻板印象加諸在他們身上。其實，台灣有許多非常活躍的菲律賓人，ACSEA也在「台灣想菲」這一年把這些菲律賓故事帶到加拿大，包括獨立媒體《移人》的創辦人李岳軒、熱心公益的菲律賓新住民黃琦妮和移工藝術家馬力歐（Mario Subeldia）。

李岳軒是台灣人，大家都叫他Asuka，高中畢業時便懷抱著用筆和相機改變社會的理想，選擇就讀政大新聞系。後來他陰錯陽差結識《四方報》總編輯張正，從此一頭栽進東南亞移工與新住民的報導工作。《四方報》創立於二〇〇六年，是台灣第一份以多種東南亞語言書寫的報刊，陸續發行過越南文、泰文、印尼文、菲律賓文、柬埔寨文、緬甸文的版本，供在台灣生活的東南亞裔朋友閱讀。內容除了母國和台灣新聞的報導，也會刊登人物專訪、活動預告、新住民藝文及生活報導和讀者投稿的文字藝術作品。

二〇一六年，因媒體環境改變，Asuka率領原編輯團隊創立新的移民工獨立網路媒體

《移人》，繼續實踐屬於自己的新聞理想。《移人》持續以中文報導東南亞族群議題，希望面向台灣擁有投票權的主流讀者，翻轉他們對移民工的印象，進而改善他們在台灣的處境。因為這年「台灣想菲」活動認識Asuka後，他也成為ACSEA在台灣連結東南亞社群的重要橋梁。

黃琦妮在二〇〇六年結婚來台，身在異鄉的寂寞促使她成立了網路聯誼社團「菲台姊妹會」（Phil-Tai Organization），廣邀台灣各地的「菲媽」加入，用社團互助的力量，幫助這些菲律賓女性融入台灣社會。菲律賓姊妹除了在社團裡分享生活資訊，也會在上面吐露異鄉生活的委屈和難處。「老公為什麼對我態度這麼差？」「婆婆一直使喚我！」「哪裡可以買到菲律賓商品？」「夫家不讓我出門怎麼辦？」黃琦妮總是充當姊妹們的垃圾桶，細心傾聽她們的疑難雜症，甚至變成她們的婚姻諮商師。後來，她成立了較為正式的非營利組織「菲台之音」，如今已經成為外籍配偶互動的重要社群平台。

黃琦妮也積極參與台灣的主流媒體，自製網路節目、創立YouTube頻道、上電視節目，期望能夠打破台灣人對菲律賓的刻板印象。二〇一三年，她獲選加入《四方報》與誠致教育基金會合辦的「外婆橋計畫」，收集台灣的文具、玩具、食品等物資，整合教學資源，帶回她故鄉宿霧的偏鄉小學。那些偏鄉甚至連車子都無法抵達，要騎馬才能造訪，她希望能藉助台灣的力量，把愛傳回菲律賓。

ACSEA在布置黃琦妮的攤位時，特別選用台北中山北路上、大同大學對面的「金萬萬名店城」的照片當作背景。金萬萬名店城有「小菲律賓」之稱，裡面販售各式各樣的菲律賓餐點與零食地。「因為有很多人都經過這個地方，但從來不知道這是菲律賓移工的聚集地之一。」吳權益說：「身為移民的我們，同樣有著被忽略的經驗，希望能夠藉這機會讓我們多關心身邊的彼此。」

馬力歐是名藝術家，二〇一一年因為父親中風，家中頓失經濟支柱，他選擇到台灣打拚賺錢，透過仲介找到新竹科學園區輪班作業員的工作。他在大學時，曾經涉獵繪畫、戲劇、舞蹈、服裝設計等多種藝術領域，在台灣卻無處發揮他的藝術天分。直到有天，他因緣際會認識了沙畫這樣的藝術形式，想起他曾因為思鄉，在新竹南寮漁港的沙灘上隨手畫出父親和母親的臉龐，於是他重回那片沙灘，挖了一大袋沙子帶回宿舍，自己埋首練習沙畫的技巧。經過三年的練習，他靠著純熟的沙畫技術，成為台灣第一位獲得街頭藝人證照的外籍移工。

馬力歐因為沙畫接受過許多媒體採訪，逐漸打開在台灣的知名度，更曾獲邀在菲律賓駐台辦事處的菲律賓國宴上表演。儘管在台灣打拚出自己的一片天地，馬力歐並沒有忘記故鄉菲律賓，一直希望能夠找到機會報答鄉里，以藝術和時尚發起公益募款計畫的構想逐漸在他心中成形。他找上《移人》的Asuka居中協調，經過幾個月的籌劃，二〇一七年年初在西門町舉辦了第一場街頭時裝走秀的公益活動，十二位菲律賓移工模特兒身上穿著的作品，全都是馬力歐發揮他的時裝設計長才，用廢棄物回收製成的。後來他更多次舉辦類似的公益活動，讓移工朋友展現自己，同時宣傳他的公益募款計畫，尋找經費幫助故鄉的弱勢族群。

馬力歐在新竹舉辦第一屆的彩繪公益願景計畫，集結五十餘位菲律賓移工完成時尚走秀，並義賣繪畫、行動藝術、服裝藝術等作品。當時，他們曾經在竹塹城迎曦門前，集結拍下一張宣傳照。「我們把這張照片拿給加拿大當地的台灣人看，問他們：『你知道這是哪裡嗎？』他們都講不出來，想像不到新竹會有這麼盛大的一場移工服裝秀。」吳權益又把這張宣傳照分享給加拿大的菲裔社群，他們也非常驚訝：「哇，他們怎麼能辦得那麼大？我們在加拿大都辦不到！」因而引發雙方對彼此的好奇。

二〇一八年，ACSEA讓馬力歐的服裝秀登上加拿大的舞台。這場服裝秀背後是靠著溫哥華菲律賓社區的力量才得以完成。馬力歐在最後一刻才拿到加拿大簽證，滑壘抵達溫哥華，沒想到他一結識當地的菲裔社群，雙方馬上就打成一片，直接脫隊一起去吃喝玩樂，甚至跑到菲律賓人的家裡過夜。起初，這群菲裔朋友的隨興和熱情讓策展團隊不知所措，他們常常臨時起意，又非常有行動力地去執行，每次開會也總是熱鬧滾滾。

「開記者會時本來是邀請他們的代表，結果他們來了一群人，大概二、三十個，場面變得很嗨，好像在開派對的樣子。」吳權益回想起這群熱情洋溢宛如脫韁野馬般的菲律賓朋友，笑聲連連。「我那時才知道：『啊哈！原來你們這麼活潑啊？』這跟我早期想像的，或說被教導的菲律賓文化不太一樣，也挑戰了我們原來對自己的、生活面貌的想像。」

菲律賓社區從來沒有機會在溫哥華市中心有如此規模的曝光，為此他們用盡全力，找來菲律賓的影視明星當馬力歐服裝秀的模特兒，甚至連加拿大頗負盛名的菲裔歌手、曾兩度獲得「朱諾獎」（Juno Awards，有「加拿大葛萊美獎」之稱）提名的華倫・迪恩・費蘭德茲（Warren Dean Flandez）都被邀請來為晚會開幕表演，讓那場晚會熱鬧非凡，許多菲裔朋友熱情參與。原先吳權益很抗拒這些「明星」的參與，畢竟這和ACSEA往年的作風不大一樣，還告訴這些菲律賓人：「台灣文化節不是一個要請大明星的活動。」沒想到費蘭德茲不惜降價也想爭取在文化節表演的機會，ACSEA便決定妥協接受。這年的台灣文化節結束後，溫哥華的菲律賓社群開始對台灣很感興趣，也曾應馬力歐的邀請，到台灣來參訪和旅遊。

「做菲律賓、越南的話題，與其說是要認識他們的文化，更多的是認識我們當代台灣的樣貌。在我們的活動中我們在講台灣，但不會那麼凸顯台灣。你說有沒有失去台灣的主題性？完全沒有啊，講的都還是台灣的故事，只是用越南、用菲律賓來講你看到的台灣。」吳權益期望在這樣的互動中，發掘許許多多不為人知的人物和故事，讓雙方看見彼此的異同，對話而共榮。

獲得獨立媒體的關注

《喬治亞週報》（*The Georgia Straight*）的資深記者卡利多．帕卜羅（Carlito Pablo）

是二〇一八年「台灣想菲」幕後活動策劃的關鍵人物。他是加拿大第一代的菲裔移民，曾在馬尼拉當過記者，他的外表看似嚴肅專業，其實熱愛在週末時和家人到公園和海灘享受陽光，有著菲律賓人典型的熱情性格，在當地社群更是十分活躍。透過他的引介，ACSEA才認識了菲律賓社群的幾個重要社團，也才規劃出這一年的台灣文化節。

活動期間，《喬治亞週報》也派帕卜羅來採訪，他對台灣非常熟悉，採訪過許多台灣人。吳權益閱讀帕卜羅撰寫的台灣文化節報導時十分驚豔，發現他自己做了扎實的研究，去搭起台灣和菲律賓的橋梁，如邵族、排灣等族裔與菲律賓的關係，細述台灣和菲律賓之間，在語言、血統、移民、受殖民經驗等諸多層面上的深刻連結。

同時，他也主動把台灣文化節和台灣的故事分享給加拿大的菲律賓媒體和電視台，電視台又引介菲律賓明星來擔任馬力歐服裝秀的模特兒。帕卜羅告訴吳權益，菲律賓社區沒有辦法自己在市中心辦這樣的活動，因為菲律賓人在加拿大大多是雇員，而非企業主，影響力相對較小，也就難以在主流社會中展現自己。帕卜羅認為台灣文化節帶給菲律賓社群很大的啟發，菲律賓社群也對此非常感激。「這些事情讓我至少被菲律賓三家電視台訪問，可是那年台灣沒有一家電視台來過。」吳權益說。

帕卜羅所屬的《喬治亞週報》是加拿大數一數二的獨立媒體，也是藝文界必看的報紙。近幾年來，《喬治亞週報》幾乎年年到台灣文化節採訪，台灣文化節也多次登上封面故事，這是因為週報的總編輯是一位長期關注台灣的加拿大人——查理・史密斯（Charlie Smith）。

查理・史密斯：熟讀《台灣人四百年史》的加拿大總編

星期天早晨，假日的溫哥華街頭少了幾分繁忙，在一間加拿大的連鎖咖啡廳蒂姆霍頓斯（Tim Hortons）裡，有對摯友正在興致勃勃地交換想法、歡快暢談，這兩人都叫Charlie，一個是ＡＣＳＥＡ的執行長Charlie Wu，另一個是《喬治亞週報》的總編輯Charlie Smith。史密斯是加拿大的資深媒體人，說起話來引人入勝，但又沒有專業人士的架子和冰冷，臉上時常掛著溫暖的微笑。這樣的小聚已經持續了好多年，兩人會在星期日早上犧牲一些家庭時光相聚，不是為了商議特定活動的合作，純粹是兩個關心台灣和加拿大社會的好友聚會，討論著各式各樣的議題，也時常激盪出許多新的想法。

二〇一〇年，《喬治亞週報》的藝文編輯將LunarFest列為冬奧藝術節超過六百個節目中十大最受歡迎的節目之一，於是在藝術節總監羅伯特．柯爾和《喬治亞週報》藝文版經理的引介下，史密斯開始接觸台灣文化節，與吳權益和ACSEA團隊結識。和多數加拿大媒體人不一樣的是，他對台灣瞭若指掌，因為他曾熟讀史明的《台灣人四百年史》英文版，對台灣的歷史和民主進程很感興趣，也時常在報導或演講中引用史明的論述。史密斯總是對新事物充滿好奇，熱愛認識不同的文化，第一次參加台灣文化節讓他十分興奮。史密斯所屬的《喬治亞週報》是加拿大第二大的獨立媒體，因此他非常關注被主流媒體遺忘的聲音，而這正是他開始關注台灣的初衷。

吳權益和史密斯一拍即合，成為無所不談的好友。史密斯對加拿大的歷史脈絡、社會議題和政界的利害關係都十分敏銳，經常與吳權益分享這些想法，再加上史密斯人脈廣闊，熟稔媒體關係，總是不吝介紹吳權益認識志同道合的媒體人和夥伴，或是叮嚀他與某些人合作可能存在的風險。吳權益說，史密斯就像是他政治界和輿論界的導師：「我們有一個地下新聞部，就是這個總編輯查理。」《喬治亞週報》的影響力非常可觀，ACSEA在溫哥華藝文界的聲量也就隨之擴張。

從二〇一二年開始，史密斯每年在台灣文化節開始前，總會在蒂姆霍頓斯的咖啡小聚時間，詢問吳權益有哪些值得訪問的人物，拿著紙筆仔細地一一記錄。《喬治亞週報》的記者從不缺席台灣文化節開幕的記者會，史密斯也時常親自出席，實際參與文化節活動，重視各方細節和角度。有些公家單位和組織知道吳權益和史密斯是好友，會委託他商請《喬治亞週報》幫忙寫些新聞，但史密斯不會因為人情壓力就刊登報導，仍然保有媒體人的判斷，只寫週報讀者感興趣和需要關注的主題，宣傳意味太濃厚的報導他是不寫的。吳權益說：「在加拿大，我接觸過很多媒體記者，他是個稀有動物。我時常用總編輯查理的敬業提醒自己跟我們的團隊，那個查理是我們面對工作的榜樣。」

不往南邊走的新南向政策

台灣文化節開啟「與亞洲對話」系列後，與菲律賓和越南社群合作的兩年，史密斯給予的幫助尤其重要。他介紹給ACSEA的帕卜羅等菲裔和越裔社群的人物後來都成為關鍵性的合作夥伴。吳權益笑說，當時史密斯甚至連他的越南裔理髮師都不放過，堅持花上幾十分鐘向他介紹台灣文化節。很多時候離得愈近的事物，卻反而愈容易被我們忽略，菲律賓和越南社區明明就在身邊，但吳權益是透過這些朋友才真正認識了他們。吳權益說：「對我而言，查理不只是一個媒體人，他用了他的職業在為我們社區建立橋梁。」

這些社區的關係除了在文化活動發揮作用，也擴及到外交和政治領域。菲律賓政府和台灣政府一樣，為了在其他國家擁有影響力，也會借重僑民的力量。這群菲律賓朋友帶著吳權益去會見菲律賓駐加拿大的總領事。「平常我去他不會見我的，因為他不知道我是誰。」吳權益說，可是因為這些菲裔朋友，他有機會能和菲律賓的外交人員交流，也和總領事相談甚歡。「我們不是只有這一年跟菲律賓對話，在後續的LunarFest中還是有菲律賓藝術家參與，因為關係已經在了，他們知道這一群台灣的朋友一直是希望大家共存共生、互相幫忙的。影響一層層的滾動下去，新的社群便形成了。」

後來，有一位台裔加拿大人要參與國會議員選舉，竟然也找上吳權益，希望他能引介菲律賓社群的朋友。儘管並非本意，但吳權益意識到原來文化活動也能有一些政治影響力：「一個小小的台灣文化節可以起到這樣的作用，為什麼外交部、文化部、僑委會這麼多資源，卻沒有擴大思考這樣的可能性？」

近年來，台灣政府推動「新南向政策」，旨在強化台灣與東南亞、印度、澳洲、紐西蘭等國之間的關係，而吳權益在加拿大也看見「新南向」的空間。「新南向為什麼只想到去菲律賓？為什麼沒有想到美國的菲律賓人也很多，菲律賓又很依賴海外僑民。」吳權益認為，這些僑民和台灣的移工不太一樣，他們的社經地位比台灣的菲律賓移工高很多，影響力不見得輸給菲律賓當地人。「如果可以透過這些菲律賓僑民影響當地、影響回母國菲律賓，不好嗎？我們連對新南向的想像都還是很平面的想像，往南邊走就對了。」

台灣文化節看似只是加拿大的一個文化活動，卻讓台灣得以在加拿大媒體曝光，牽起了與不同族裔社群間的連結，更跨出文化領域，在政治和外交上發揮影響力。這是因為台灣文化節更是一個串連與合作的平台，承載了各式各樣友善而綿密的關係網絡。在這裡，我們能夠為台灣找到參與國際社會的敲門磚，更重要的是，還能結識一群志同道合的盟友。

第八章

與亞洲對話二〇一九：越愛台灣（翻轉命運的希望基地）

根據二〇一六年的人口普查，越南社群在加拿大共有二十四萬人，佔總人口數的百分之零點七，有一半住在多倫多與溫哥華，除了最早期以留學生身分來到加拿大的移民，絕大多數都是因為越戰和越南淪陷而出逃的難民。

自二戰結束至一九九〇年代，越南一直處於動盪之中。因為美國、蘇聯、中國的多方角力，越南於一九四五年一分為二，北越為共產勢力控制的越南民主共和國，原本受制於法國和日本殖民的阮朝則被迫退居南方，是為「越南國」，又稱「南越」，背後的控制者則換成了美國。這場對峙之局以越戰的失敗告終，北越於一九七五年取得勝利，統一越南，南越覆滅。這段期間被各國接收、安置的越南難民人數約一百六十萬人，包括從南越乘船流亡的「船民」、走陸路、跳機，以及透過留學或其他方式移民海外的人士。因乘坐難民船而死於海上的人數，難以估計。

加拿大是收容越南難民人數最多的國家，僅僅在一九七九至一九八〇年之間，就收容了六萬人；迄一九八一年，越南難民已佔加拿大新移民人口數的百分之二十五，在溫哥華、多倫多和蒙特婁形成龐大的越南社群。

這些在越戰晚期與越南淪陷前後逃離的難民，大多是華裔，也有一部分京族人（京族是越南的主要民族）。華裔原本在越南從事的經濟活動多是經商或漁業，鑒於一九五〇年代中國共產黨在文革期間對地主、商人和知識分子的迫害，華裔普遍對共產制度極端不信任；加上南北越之間的漫天戰火，凡是屆齡的役男都會被抓去當兵，為保全生命與財產，有經濟能力的家庭便選擇逃離越南。八〇年代才離開的難民，經歷了第二個、第三個「五年計畫」，面臨私人財產被沒收、勞改集中營等苦難，更是對現在的越南社會主義共和國恨之入骨。

斷裂的越裔世代，不可觸及的鄉愁

這段家破人亡的歷史，讓加拿大的越南族群，拒絕與現在的越南有任何聯繫。微妙的是，南越的越南華裔在一九七五年之前可以申請中華民國發給的「中華民國僑民登記證」，名義上為中華民國海外僑民。在南越華裔心中，當時已遷至台灣的中華民國，是精神上的祖國。流亡海外的第一代，其文化認同充滿了複雜的矛盾，痛恨共產黨，認同文化上的中華，生活習慣則對記憶中的故鄉越南充滿依戀，並以一九七五年之前繁華進步的南越、西貢為榮。

二〇一九年，ＡＣＳＥＡ邀請了越南族群參與台灣文化節，「與越南一起乘風破浪（Riding the Wave with Vietnam）。籌備這個主題之前，ＡＣＳＥＡ先走訪了一趟越南，深刻體認到越南人的「韌性」。尤其在首都河內，在每個越南人身上幾乎都可以感受到「不服輸」的勇氣，與艱困環境搏鬥，只要可以爭取，再小的微利都不放過，「生存」（Survival）這個字眼一再湧上ＡＣＳＥＡ成員的心頭。越南瀰漫著拚命到底、掙扎求存的氣氛，讓團隊不禁感嘆：「世界應該給越南一點喘息的空間。」

「台灣與越南之間有太多太多的連結。」吳權益說：「和日本一樣，可以做的議題，可能幾年都做不完。」

精通多國語言、外型剛硬俊朗的知名演員李泰華（Thai-Hoa Le）*，是溫哥華的越裔社群領袖之一，身為第二代，他渴望認識越南，了解自己的文化根源。但上一代普遍仇共，禁止子弟與現在的越南有任何往來，以免遭敵方滲透。再加上越南文化尊崇儒教，非常重視倫理，李泰華必須尊重長輩，無法直接與越南建立聯繫。吳權益說：「他覺得他跟越南的文化紐帶，因為老一輩的壓力而被切斷。」剛開始和越南社群接觸時，ＡＣＳＥＡ感受到的是「戒心」，他們會不斷試探，藉此觀察台灣文化節是否有越共勢力滲透？是否會邀請作為敵方駐加拿大代表的越南領事館來參加？「如果他們出席，我就不會出席。」

正在創作一齣以越南難民為主題的舞台劇《我們都一樣》（We the Same）的印度裔編劇桑吉塔．威利（Sangeeta Wylie），曾與李泰華一起去越南考察。為了取材，桑吉塔也來到台灣文化節訪問受邀參加的越南貴賓。她曾對吳權益聊起在越南時的觀察，李泰華反覆向桑吉塔強調越共的惡行，這是越南難民的共同經驗。但她認為，現在在加拿大談這個議題，可以試著跳脫出國仇家恨的框架，更自由地去重新檢視這段歷程。

雖然李泰華表面上遵從社群的主流意識反越共，自己卻很清楚，如果不跟越共稍微接近一點，就無法與文化上的越南建立連結，這是他一直以來的矛盾。當越南媒體來加拿大採訪台灣文化節時，他安排ACSEA迴避：「等一下有一個訪問，你們不用來沒關係，我可以在這個場地讓他們訪問一下。」他選擇自己出面去受訪，讓ACSEA不用承擔「與越共接觸」的罪名。

＊註釋：李泰華出生於蒙特婁，因擔綱演出《X戰警：未來昔日》中的越南將軍而打開國際知名度。精通英語、法語、越南語，也曾以廣東話、普通話、尼泊爾語和藏語表演。

吳權益說：「我不知道他要怎麼去跟他的鄉親父老解釋。他就是被夾在兩個世代之間的中間點，試著去經營他對兩邊的認識。這種心境，看在我們眼裡，就像台灣的眷村世代和中國大陸的連結：『我支持民主，但我不想跟原鄉斷了關係。』」不論是越南還是台灣，類似的故事在被迫離散的移民中比比皆是。「所以我們希望透過策展，讓大家去認識這些故事，彼此之間其實有很多相似之處，只是發生在不同的國度、不同的文化之中。而台灣文化節搭建了一座橋梁，替這些被割裂的族群，重新與自己的母文化連結。」

唐人街未必代表中國

越南難民初到埠時，身上能帶的黃金都很有限，要負擔整個家族的生活開銷，不得不找生活成本最低的地方落腳，唐人街便成為主要的棲身之處，直到家庭經濟改善後再搬離。越南難民多以原本擅長的技能為業，從事漁業、餐飲（賣河粉），無法融入加拿大社會的人士，則匯聚為黑幫。

在探訪加拿大越南社群的過程中，在媒體界的友人為ＡＣＳＥＡ介紹了一位幼時與父母一起逃難到加拿大的越裔女孩范閔娜（Minna Van）。因為從小在唐人街長大，原是京族人的她，在以華裔為主的社區中隱去了自己的種族，自稱越南華人，以避免無謂的麻煩。

對崇尚都市開發與快速更新的人而言，唐人街在溫哥華是衰敗的代名詞，與城市其他地區顯得格格不入。女孩的家庭在經濟條件好轉後，便搬離了唐人街。而今，范閔娜回到唐人街創業，在社區資源中心開設咖啡店，賣越南咖啡。社區資源中心是社會企業，如果附近的居民需要借辦公室空間、使用電腦，就可以到這類社區中心去，越南咖啡的販售收入則是用來資助社區中心添置新的器材。女孩的頭腦很靈活，她在市中心四處尋找地主、屋主，將閒置空間轉換成社區中心，其中一個據點就在唐人街。

許多台裔移民對唐人街、孔廟常懷著抗拒的心情，彷彿一進入唐人街，就是接受了某種意識形態、文化認同。當ACSEA去唐人街據點拜訪她時，曾請教她為什麼要在唐人街成立社區中心，是否與她從小在這裡成長有關？她淡然回答：「『唐人街』對我來講只是一個地名，我跟它沒有任何情感上的連結。」

「喔！原來『唐人街』可以只是一個地名。」她的回答讓吳權益豁然開朗：「想想也對，如果今天這個地方叫做日本村，而我只是在那邊工作，也不會覺得日本和我有什麼關聯；那為什麼我要在意唐人街？只因為它的地名有『China』？」他不斷地反思這個問題，慢慢想明白，中國的影響是越南文化的一部分，中國之於台灣也是類似的情形。

台灣的越南新住民，如何與加拿大越南新住民連結？

根據二〇一八年的人口統計資料，台灣的越南族群大約有十萬人，佔新住民總人口數百分之十九，僅次於陸港澳，為新住民中的第二大族群。他們來台的時間點大致可分成幾個不同階段：一、一九七〇年以降，因為越戰和越南淪陷而赴台的留學生與難民，以華裔為主；二、一九九〇年之後，因為婚姻移民而來台的越南籍配偶，以京族為主，也有少數華裔；三、一九九九年開放越南移工來台，部分移工與台灣人結婚，成為台灣的一分子；四、留學生和歸僑（台商在越南生的子女），在二〇一六年實施新南向政策後，人數大幅提升。

不同的歷史階段，留給越南的痕跡清晰可辨；也讓不同時間點來台的越南族群，形成許多各自獨立的小團體。這些小團體之間，生活經驗、語言、風俗習慣與擁有的社會資本都不同，反映了越南的複雜性。尤其是北越、南越在歷史與認同上的歧異，讓ACSEA在籌備時，花了許多時間去摸索。

「越南給了我們許多反思的機會。」吳權益舉例，團隊在河內進行田野調查時，遇到北方來的霧霾，大家明明知道這是從中國飄來的空氣污染，當地導遊卻解釋：「這是自然現象。」暗示了無論是空氣還是思想，越南都得無奈地接受中國的影響。

「談起中國與法國，出生於台灣的我們卻都感同身受。」被異文化長期殖民的「現代化」進程、被冷戰局勢當作「前線」的身不由己、被地緣政治牽制的現實、不得不離鄉的無奈，以及從貧窮線下力求翻身的勤奮，讓台灣與越南，在某些角度上就像是在照鏡子，映照著彼此咬緊牙關不服輸的身影。

有趣的是，加拿大的越南社群，可能因為懂中文的人很多，接收資訊的管道與媒體，往往是台灣和香港，又以台灣居多；影視娛樂也以台灣和香港製作的節目為主，不同的是，這些節目的越南語配音員只有一個人，必須為所有角色配音。從種種跡象看來，他們對越南的一切仍十分懷戀，但國仇家恨使他們拒絕與曾經的故鄉建立新的連結。

而越南給外界的刻板印象，如河粉、越南長襖、咖啡、越式法國麵包，這些符號式的浮光掠影，並不能彰顯前述的文化共通性。ACSEA尋覓拜訪在台灣的越南朋友，包括紀錄片導演、越南茶道專家、新住民NGO工作者，進行深度訪談，最後決定以「堅韌、女性」為中心主旨，由此延伸，呈現移民女性為適應環境、翻轉人生而奮鬥不懈；以及越南料理結合台灣、日本飲食文化後，再創新滋味。

「堅韌、女性」的精神貫串了幾乎每一個節目。溫哥華場的開幕音樂會由朱宗慶打擊樂團擔綱，多倫多場再次由謝建得領銜台灣文化節交響樂團演出《永遠的姐妹》，挑選以女性為主題的樂曲，編織出對「女性力量」的謳歌。加拿大本地的沸思劇社則以「女力覺醒」為主題，透過素人表述生命故事的方式，呈現移民在加拿大的女性議題。

在加拿大從事藝文工作的台裔第二代、第三代，大多已融入當地社會，與台灣社群的連結較薄弱。ACSEA也希望讓台灣文化節成為他們發表作品的平台之一，訴說自己的經歷。舞蹈節目《報紙》就是台裔舞者與編舞家的作品，超越「台裔」的身分限制，展現亞裔移民常見的「太空人家庭」（配偶之一留在原居地，另一半移民加拿大，必須常常飛來飛去，因此稱為「太空人」）。

ACSEA從台灣邀請了積極推廣台越文化交流的在台留學生阮秋姮、越南創意料理廚師張喬西（Josie）；從越南邀來曾赴台灣訪問的明星主廚阮孟雄（Chef Nguyễn Mạnh Hùng）、攝影師寶慶（Bảo Khánh），赴加拿大與當地社群交流。

跳脫「越南新娘」刻板印象

阮秋姮是台灣第一位新住民身分的國慶典禮主持人，她的母親是在台灣工作多年的越南看護工。在越南高中畢業後，赴台灣讀大學，與台籍夫婿相識相戀，二人一起創立「Hang TV-越南夯台灣」YouTube頻道，透過生活中經歷的點點滴滴，介紹台越文化的異與同。

阮秋姮的故事跳脫了台灣對越南女性的刻板印象。一九九〇年代，大量來自中國大陸、東南亞的低社經年輕婦女，經由婚姻仲介結婚來台。這些女孩被稱為「外籍新娘」，婚姻形式如同人口販賣，仲介打著「保證處女」、「年輕漂亮」、「不滿意包退包換」等口號進行兜售。即使經過二十年的爭取平權、去污名化等運動，今日在網路的搜尋欄輸入繁體中文的「外籍新娘」四字，直接關聯的字詞仍是「價格」、「費用」、「仲介」等關鍵詞，反映了台灣社會對外籍配偶的普遍認知。

在正式邀請阮秋姮擔任活動主持人之前，ACSEA曾訪問過其他在台越裔外籍配偶，了解這一段悲苦煎熬的歷程。越南文化極為重視儒教，要求女性堅忍溫順、支撐家庭，加上皮膚白皙、飲食口味與台灣相近，這一點讓越南女性在台灣的婚姻仲介市場上大受歡迎。這也是台灣社會對越南籍配偶的普遍印象：吃得了苦、精明持家、娘家很窮所以不得不為了錢遠嫁台灣，改善娘家經濟。

但是台灣的越南社群以婚姻移民為主，與加拿大以戰爭難民為主的越南社群截然不同，國族認同也有很大差異。二者最大的共通點，就是迫於現實的無奈，以及在異鄉矮人一截的忍耐。最後，ACSEA決定跳出這個框架，邀請生命故事較多面向的阮秋姮。她的經歷包含了外籍移工、留學生、外籍配偶、新住民等議題，而且成功在台灣完成了碩士學歷、具有名望、站上國慶典禮舞台，成為萬眾矚目的焦點，這段「貧窮女孩在台灣翻身」的故事，對越南社群而言很勵志，將她的成功視為替越南人爭光：「你真是我們越南人的好榜樣，連台灣國慶都可以主持。」

台灣這片土地在阮秋姮的故事中扮演了一個很重要的角色：給予新住民足夠的資源、提升社會資本，並提供舞台與發揮的可能性。簡而言之，台灣的開放與自由，讓它成為世界各國的人得以「翻轉命運」的希望基地。

「秋姮的故事也激發越裔第二代自省，原來自己的文化如此值得驕傲。」吳權益說：「秋姮到了加拿大，越南社群對她熱烈歡迎，彷彿回到了自己的家。直到現在，秋姮和加拿大的越裔社群都還保持著聯繫。」

阮安妮是另一個「從台灣站起」的勵志故事。她是新麗美歌仔戲班的花旦，演出的時候，戲台兩邊會插著大旗，上面寫著「全台唯一越南異國花旦」。她本來是越南國家馬戲團的演員，從小就很喜歡越南的傳統戲曲嘲劇和　劇，千年的歷史積澱，使嘲劇和　劇成為越南代表性的雅文化，演出形式表面上和台灣的歌仔戲很像，其性質和從業人員的社會地位，與台灣生於草根的歌仔戲又不太一樣。

越南國家馬戲團來台灣巡迴演出時，當地的歌仔戲班請馬戲團吃飯，彼此交流，戲班主人看到安妮漂亮又乖巧，雜技功底深厚，很希望能留她在戲班發展，也有意撮合兒子和安妮的婚事。一來一往間，當時才十九歲的安妮，與現在的夫婿感情越來越好，便決心締結連理，為愛走天涯。

嫁作台灣媳婦的阮安妮，不只要學習國語、台語，歌仔戲所需的唱念做打，她都學得很扎實，經歷十二年的淬鍊，磨成歌仔戲班的招牌。她的故事由賴麗君和彭家如兩位紀錄片導演拍成《神戲》，讓更多台灣民眾了解新住民婦女在家庭、工作領域的拚命奮鬥。ACSEA也將這部電影帶去了加拿大，在台灣文化節中播映。

二〇一九年的台灣文化節，不只是跳脫了「越南刻板印象」，也跳脫了「台灣刻板印象」。若觀眾期待看到既定印象中的「台灣」，在台灣文化節中可能會失望。ACSEA藉此提出的倡議是：「其實，台灣的多元早就存在了，認識台灣的多元一點都不晚。」

友誼廚房，讓越南躍上餐桌「被看見」

加拿大的越南社群較為封閉，一直沒有足夠的能量去爭取在主流展演中擔綱。ACSEA觀察到，越南社群對於「越南被矮化」，以及長久以來被忽視或污名化的現象，感到強烈的委屈，一有機會就想要被看到、被尊重，強調越南歷史悠久、文化鼎盛。但心態和以前的台灣文化節一樣，只想呈現自己最值得驕傲的部分，並沒有思考到和其他族裔對話的連結點。吳權益說：「我不知道為什麼被中國文化影響的周邊地區都有這種特質，韓國也有，越南也有，台灣某種程度也是。」

在台灣文化節中，ＡＣＳＥＡ讓「越南」與「台灣」平等呈現，成為鎂光燈的焦點。台灣文化節所搭建的橋梁，讓越南族裔有機會去認識故鄉的現狀；越南社群的回應也十分踴躍，不但積極參與系列活動，還熱情地接待了受邀到加拿大展演的貴賓們，有些越南朋友會興奮地反覆詢問台灣的越南料理廚師張喬西：「你怎麼會那麼喜歡我們越南的東西？」

張喬西熱愛旅行，在越南之旅中愛上了越南菜，花了很多功夫在越南學做菜，也學習越南文化。回台後，二〇一一年張喬西在台中國立美術館附近開設餐廳「小夏天」，以越南的味道為基礎，變化出多樣創意料理，開業不久便迅速成為台中的口碑名店。

經張喬西介紹，ＡＣＳＥＡ邀集了越南名廚阮孟雄、風靡北美的加州捲的發明人東條英員（Hidekazu Tojo）見面，展開一場別開生面的「友誼廚房」，讓日本料理與越南料理在加拿大撞擊出新滋味，也讓加拿大的越南族裔得以透過食物一解鄉愁。

阮孟雄在加拿大的見聞，激發了他的悲憤：「越南怎麼可以這麼弱？越南一定要更強！」他把越南的榮辱視為己任，堅持每一道手中的菜餚一定要是極致完美的狀態，讓人看到越南文化的精緻與高度。這種「越南不能輸」的堅忍，讓ACSEA團隊感到似曾相識，彷彿看到了自己，看到了台灣人在國際打壓下忍辱負重、咬牙奮進的身影。

「如果說台灣文化節一直在轉換，尋覓更多與世界的連結，這場美食節目大概是最有代表性了。我們因為不同朋友的引薦，認識了小夏天的張喬西，又因為小夏天認識了阮廚師。因為去了越南，認識了阮廚師的攝影師好友寶慶。為了深化阮廚師來加拿大的意義，我們幫日本大廚東條找到了讓人喜歡越南菜的方式。」回憶「友誼廚房」搭建的連結，吳權益描述了一幅不斷持續擴散的人際網絡：

印度裔的編劇威利和一位加拿大演員也參與了這一年的活動，他們最新的舞台劇《我們都一樣》就是寫越南的故事。我們正在媒合一些資源，與台灣一起把這部劇本改以電影呈現。最重要的是，對於阮孟雄和寶慶這兩位越南青年，在加拿大的經歷會是他們終生難忘的養分，加拿大台灣文化節則是讓這一切發生的契機。而小夏天，至今仍是我們在台灣重要的夥伴，幫忙推廣、串連資源，希望讓更多人認識我們，為我們開啟更多的可能性。

沒有跳機的越南人

邀請阮孟雄和寶慶，出乎意料的難。難搞的不是邀請，而是簽證。在跑程序之前，ACSEA沒有料到越南人的簽證這麼難申請，遲遲申請不下來，讓活動差點開天窗。越南的連年戰禍與貧困，讓越南人背負了「跳機」、「偷渡出國打黑工」的刻板印象，造成簽證申請受阻。還好最後一刻能拿到簽證，讓阮孟雄和寶慶十分珍惜這個出國機會。

每一期的台灣文化節都闢有原住民的發聲空間，寶慶受邀展出他拍攝的河內街景，以及北越山區賀蒙族（Hơ Mông）*的生活日常，他以棧板搭建展櫃，隱喻越南發展中、未完成的狀態。寶慶自十七歲投身攝影創作，用相機記錄他深愛的越南，以紀實風格呈現城

---

*註釋：賀蒙族又稱「蒙人」（「Hơ」是「人」的意思），為苗族的分支，約有一百四十萬人，散居於北越山區。越南共有五十四個民族，主要民族為京族，占總人口百分之八十七，其餘皆為官方定義的少數民族。值得注意的是，少數民族不等於原住民。京族為原住民，少數民族中包括賀蒙族、華族（即華裔）、艾族、山由族，來自中國南方；而占族、朱魯族則屬馬來－玻里尼西亞語族，與南洋、印度洋諸島關係密切。

市與偏鄉底層小人物的生活樣貌，為即將凋零的文化留下印記。在他的作品中，可以直接感受到炙熱喧囂的街道縫隙、雲霧繚繞的山間，老百姓用汗水、皺紋與破舊的謀生設備，推動著食衣住行的生活運作。

他很希望能拍攝加拿大的洛磯山脈。考量到簽證取得的困難，ＡＣＳＥＡ安排寶慶只出席溫哥華的活動，當團隊移展到多倫多時，便放寶慶自己去洛磯山脈拍攝。這批照片成為寶慶十分珍愛的作品，在他的網站上大規模露出，向越南同胞介紹加拿大。

「他們最後都還是按照原定計畫返回越南，沒有跳機。他們很愛越南，從來沒有想過不回去，只是一直被其他國家當成賊，這種情況至今依然存在。」吳權益感嘆：「相較於越南社群的封閉與內縮，台灣顯得滿開放的，可以讓很多新的東西進來。即使跟中國的關係這麼緊張，兩岸也沒有斷了往來。就算政治理念不同，也不見得完全無法相處。看到越南的情況，某程度會覺得自己身為台灣人還滿幸運的。」

台灣的開放性讓自身成為某種「觸媒」，不同的族裔和文化，可以因為台灣而產生新的契機。在「越愛台灣」的活動之後，越南社群將這份思鄉之情轉移到了台灣，對台灣好感大增。多倫多有一個越南樂團要到亞洲巡迴演出，基於這份好感，便將台灣安排為巡演的第一站。

還有很多因為「越愛台灣」而開展的後續合作，仍在進行中。與越南對話的效應以二〇一九年為起點，一層又一層、一波又一波地持續擴展著，沒有人知道，這幅「連結」的網絡可以擴張到什麼樣的規模、啟動多少可能性，就像漣漪。而這道漣漪，仍持續延展著。

第九章

用美食說台灣

——從夜市到「靠嘴巴愛台灣」運動

台灣人熱愛美食，走在台灣街頭，總是能看見琳瑯滿目的餐飲選擇，從傳統的小吃台菜，到異國和創意料理，應有盡有。小吃時常被認為是最有「台灣味」的代表，舉凡珍珠奶茶、滷肉飯、鹽酥雞、小籠包都是來台的外國旅客必嚐的美食。

要一網打盡各式各樣的台灣小吃，夜市是不二選擇。一九七〇年代，台灣經濟起飛後，在大眾媒體和政府等各因素的推波助瀾下，夜市從過去給人非法設攤、都市之瘤的印象，轉變成台灣文化的特色之一。據交通部觀光局統計，一九九九年開始夜市已經是國際觀光客主要觀光景點的前三名，二〇〇三年開始，更超越了故宮博物院、台北一〇一，成為最熱門的旅遊景點，超過七成的來台旅客都會去逛夜市。

儘管夜市能夠反映台灣人的某種生活樣態，在夜市觀光化後，外界對台灣飲食的刻板印象卻逐漸定型，開始習慣用珍奶和夜市這類簡化的標籤來代表台灣。加拿大台灣文化節多年來也一直舉辦美食活動，甚至成為最受歡迎的節目之一，販售食物的攤位外，總是有大量的人潮聚集。然而，為了維持觀眾的好奇心，吸引人潮回流，這些年來吳權益帶領的策展團隊不斷挖掘新的方法和角度，讓加拿大人認識台灣在珍奶和夜市以外的飲食風貌。

用美食拉近人與人之間的距離

雖然台灣文化節每年的美食攤位和活動人潮絡繹不絕，卻是策展上最具挑戰性的單元。加拿大的食品安全規範相當嚴格，要募集到許多台灣料理的攤販參與並不容易，更別說呈現出夜市般的熱鬧場景。因此，儘管策展團隊經常收到台灣鄉親反映，活動供應的美食不夠豐富，卻很難改善。

二〇〇一年，吳權益擔任執行長後，決定不以攤位呈現，而是在當時舉辦活動的萬國廣場擺設流水席，統一料理。當時席開二十五桌，請來台灣小吃攤的廚師，用西式廚房料理台灣菜，供買票的民眾享用。那次的流水席大受歡迎，入場券很快就銷售一空，但因萬國廣場接觸到的族群受限，參加者大多仍是台裔加拿大人。

當年的活動非常成功，但礙於人力有限，類似的活動無法年年舉辦。一直到二〇一〇年，台灣文化節轉移陣地到溫哥華市中心後，策展團隊才考慮再辦一次流水席。吳權益說，因為市中心街頭的攤販衛生規範比萬國廣場的美食攤位更加嚴格，包括規定每個攤位的水槽都必須有冷水和熱水，還必須配備冷凍儲藏設備，門檻極高，除非原先就有經營餐飲店，否則很難負擔這樣的成本。團隊希望這次的流水席能夠吸引更多人潮，讓有意進駐的美食攤位更有信心。

那年，由策展團隊號召重量級義工顧問及社團規劃菜單，包括大腸麵線、米糕、糖葫蘆等，甚至還從台灣空運台南知名的周氏蝦捲，召集台灣社團的成員和學校烹飪社團的台裔青年擔任志工，大夥一起在街上準備各式台灣小吃。民眾可以隨時來點菜購買，拿到餐點後，就到在街頭擺設的大圓桌享用，圓桌上鋪著喜氣的紅色客家花布，椅凳是紅色塑膠椅，台灣人看到一定倍感親切，簡直完美複製台灣的封街流水席。

這種有趣的呈現方式大獲好評，並讓美食攤位前出現大量的排隊人龍。然而，因為工作量超過活動團隊人力的負荷，因此很可惜只舉辦了一年。不過，這次的流水席確實達成原先的目標，為觀望進駐的美食攤販打了劑強心針。接下來的幾年，每年的美食攤位大多維持在八至十攤，並規定每一攤都必須提供不同的料理。

二〇一六年，台灣文化節開啟「與亞洲對話」系列，嘗試跨出台灣的舒適圈，與其他亞裔社群互動。當年的美食單元也因應這樣的概念，發起加拿大國際泛亞廚藝邀請賽，聚集亞洲各地的廚師，讓比賽成為各國美食文化的舞台。策展團隊還設計了「街頭吃便當

——以食會友」的活動，每天各舉辦一場。民眾到活動現場來，可以領到免費的台灣味便當，在街頭上的長桌享用午餐，驚喜的是你不知道會和誰一起吃便當，但你有一頓飯的時間可以認識同桌的新朋友。

這是第一次，台灣文化節的美食單元不僅單向地供應台式餐點，更讓美食成為橋梁，拉近人與人之間的距離，創造出雙向和多向的對話。

二〇一七年，台灣文化節開始邀請各地的主廚，運用台灣和加拿大的食材，創作出全新的料理。這一年的主題是「與日本乾杯」，策展團隊在台灣發掘了一位東京的甜點設計師會田由衣。由衣是無蛋奶甜點品牌「Tsucurite」的創辦人，擅長運用當季的蔬菜水果或豆類，發揮食材本身的甜味和風味來創作。她的臉上總是掛著溫暖的微笑，個性就和她的料理一樣純粹而溫柔。她曾經多次造訪台灣尋找天然食材，參與台灣的友善環境市集，用台灣蔬果做出帶有日式風格的甜點，也是個熱愛台灣的日本人。

在策展團隊的安排下，由衣在活動開始前一個多月便抵達加拿大，工作人員和義工帶著她到小島、市集、甜點店、餐廳四處跑，認識加拿大和當地食材，給予她許多養分和靈感，希望她能運用台灣、日本和加拿大三地的材料來製作甜點。這些點滴全都成為她甜點創作的沃土，她在部落格細心寫下五十幾篇加拿大之行的紀錄，述說著在異地用食物和甜點文化交流的過程，字裡行間流露著感動與滿足。

他們一起去了趟位在溫哥華和溫哥華島之間的嘉利安諾島（Galiano Island），拜訪來自台灣的Judy（李曉雯）和她的英國籍先生。他們長住在嘉利安諾島上，投入生態保育旅遊和研究，帶領由衣到海邊採海菜和海蘆筍，上山尋找可食用的植物和莓果，Judy夫婦再用採集和撈捕到的食材料理晚餐。由衣一步一腳印踏遍嘉島，親自尋找和採集食材，這難得的體驗讓她興奮又滿足。那頓在地的家常菜晚餐後，她說：「啊——真是太幸福了……這頓飯引發我思考美食的意義，以及為何而吃。」

透過策展團隊引介，她也認識了知名的日裔主廚東條英員。東條主廚原本是大阪的壽司師傅，於一九七一年移民到加拿大，一九八八年在溫哥華開設了自己的餐廳「東條」（Tojo's），他最為人所知的一道料理是風行北美的加州捲。為了讓不敢吃生魚片和海苔的加拿大客人接受壽司，東條用酪梨取代魚肉，並將海苔包在米飯裡頭，做成反捲的壽司捲，後來被美國加州的客人帶回當地而大受歡迎，因此被稱為「加州捲」。如今拜訪東條餐廳，依然能看到東條英員頭上綁著印有餐廳logo的頭帶，留著他招牌的小鬍子，幹勁十足地工作著，定期推出融合北美風格的日式新菜。他總是親切地服務來自四面八方的饕客，先詢問客人是哪裡人，了解他們的喜惡後，再為他們做出客製化的料理，因此培養出一群死忠的熟客。熟門熟路的東條主廚帶著由衣走訪加拿大的農夫市集，試吃品嚐加拿大各種蔬果的美好滋味，並到東條餐廳一起做菜。

最後，由衣重新揉塑台、日、加三地的食材，用令人意想不到的組合，來描繪草原、土壤、海洋、太陽和天空五種意象，創作出五道甜點，在「原味覺醒」節目上示範製作和解說，也提供甜點給參與的民眾試吃。

其中，「海洋」的靈感來自於嘉利安諾島海邊看到的美麗夕陽，由衣用日本竹炭和台灣烏醋做成黑色的卵石狀餅乾，逼真得宛如淺灘上的岩石。卵石上頭放著一球蒸熟的加拿大金線瓜拉出的亮黃色瓜絲，再淋上一抹藍莓泥，描繪出夕陽照耀下的金黃色海水和落日。最後，在餅乾四周撒上日本和嘉島都盛產的乾燥碎海菜，象徵海岸的礁石，滴上幾滴台灣的椰子油，點綴一絲盛夏海洋的氣息。

其餘的四道甜點也都像「海洋」一樣，融合台灣、日本和加拿大三地的滋味，勾勒出詩意的自然意象。這樣的做法逐漸成為台灣文化節美食單元的走向，透過活動設計，讓美食不再只是吃，各個族裔還能用美食來對話，傳達更多意義。

「我種的茶不香」：獨特的小農文化

二〇一八年，台灣文化節策劃出全新的美食單元——「靠嘴巴愛台灣」。這個單元的原始構想是來自ACSEA成員盧姸均。盧姸均原先師承多年參與台灣文化節、LunarFest等活動的紙藝大師洪新富，二〇一六年，洪新富老師希望自己帶的年輕人也能到加拿大看看，就把這個機會讓給了盧姸均。那年盧姸均除了以代表藝術家的身分參加LunarFest，也實際幫忙活動中的大小事，和ACSEA的成員和志工並肩工作。

「ACSEA這個團隊的氛圍和模樣，完全超乎我對工作夥伴的想像。」盧姸均印象非常深刻，有天在溫哥華美術館前的展覽結束後，不分位階，所有人都一起撤展，連執行長吳權益都忙著駕駛堆高機和卡車：「在那個當下你其實分不清楚階級這件事，你完全沒辦法想像誰是老闆、誰是員工。」

大夥忙到接近午夜十二點，姸均已經十分疲憊，團隊成員很快就留意到她的狀況，要她先好好休息。「當他們發現身旁的夥伴跟不上腳步，他們會用同理心去對待。雖然那次相處時間不長，但是有好多細節和成員間的互動，都讓我覺得不可思議。」回到台灣後，在加拿大經驗的衝擊下，促使妍均反思自己的工作和生活狀態，和洪新富老師商量後，最終於二〇一七年決定離開紙藝工作室，加入ACSEA團隊，期待能有更多學習和刺激。

妍均在加入協會之前，便十分關心家鄉貢寮的地方議題，再加上近年來台灣發生的食安風暴，讓她開始反省消費者似乎不夠認識自己吃下肚的食物。她還發現身邊越來越多朋友返鄉務農，期望親手耕種能讓親朋好友和消費者吃得更安心。「而且這些人種的東西怎麼好像都滿好吃的！」盧妍均邊笑邊說著。她轉發這些農友的訊息後，身旁有些朋友也想一起購買，最後為了管理方便，她就順水推舟，開始經營起團購小農產品的社團，還取了個暖心又有力的名字——「靠嘴巴愛台灣」。

這個社團成為消費者和農友之間的橋梁，不僅消費者能認識農友和生產過程，「也讓農友知道消費者是在意他們和農產品的」，雙方時常在社團內直接互動。那份「在意」不是質疑商品品質，而是一起去探究農作生產的細節，了解餐桌上的食物，背後都是本著一顆愛鄉愛土的心。

吳權益認為這是個非常好的契機，他時常鼓勵團員把自己所關注的議題轉化成活動或展覽，讓這份工作不只是一份維生的工作，更能發揮個人的理想。小農因為生產規模小，市場拓展有限，大多數也不追求量產和暴利，只是懷抱著素樸的生活願景，希望用永續的方式耕作，在自己的家鄉努力，能夠維持生計就好，沒有太大的野心。不過，ＡＣＳＥＡ在這些小農身上看到的故事和理念，遠比物美價廉的產品更有價值。

吳權益深切意識到，夜市文化限制了台灣人在加拿大談台灣美食的方法，他認為小農正好能彌補這塊空缺，供應一些新的故事素材，讓台灣的飲食面貌更加豐富多元。「靠嘴巴愛台灣」的精神不僅能夠連結農友和消費者，更可以連結加拿大和台灣。

策展團隊也期望，台灣文化節能讓這些有理念的小農再跨出一步：「走到不同人的世界，看看會產生什麼樣的火花。」二〇一八年，「靠嘴巴愛台灣」單元選了十個小農和農產加工者的故事展出，並把其中的某些產品帶給加拿大當地的主廚認識，邀請他們用這些食材創作料理。

「我種的茶不香。」ＡＣＳＥＡ團隊拜訪新北市坪林的綠光農園時，農場主人陳陸合笑著跟他們這麼說。茶之所以「不香」，是因為陳陸合不刻意追求茶葉的濃郁香氣，長年堅持有機農法，不使用除草劑和化學肥料，也就養不出又大又肥的茶葉葉片，茶香比起市面常見的茶葉顯得細緻秀麗。犧牲一些人為干預的香氣，換來的是天然無農藥的安心茶飲，還有茶園豐富的生態。陳陸合在茶園四周放置許多藍色塑膠水桶，上面寫著「樹蛙的家」，供台灣特有種翡翠樹蛙繁殖和棲息。退休返鄉努力多年，他兒時記憶中的陣陣蛙鳴總算回來了。

「友善農業在加拿大是很基本的概念。」盧妍均說，不像在台灣，友善農業仍是一大賣點，如果在加拿大強調有機種植、得到某某認證等技術層面的事，無法吸引到民眾的注意：「所以我們選擇去講人的故事。」於是他們用「不怎麼香的茶」去談綠光農園和陳陸合一家人的故事。「如果台灣很多人的家庭都有不香的茶，我們辦事處也有不香的茶，可以坐下來告訴朋友說：『我請你喝不香的茶！』那就是個話題了，這個話題就可以引導我去講茶農背後的理念是什麼。」吳權益說：「我們想透過這種方式讓大家來談論台灣人在做的事情，他們的思維和他們對環境的照顧。」

策展團隊致力為每個小農的產品賦予話題性，在當年與三位加拿大主廚合作，讓這些產品能夠成為他們創作料理的最佳素材。吳權益說：「因為你叫這些廚師去逛夜市，他們逛不了，你要他們去連結台灣，他們可能對台灣又不夠熟悉。所以我們就用這些食材，去啟動他們對台灣的認識。」

溫哥華法式烘焙坊Faubourg的主廚理卡多．羅薩斯（Ricardo Rosas）使用高雄美濃「野上野下」的黑芝麻醬，製作芝麻冰淇淋和芝麻瑪德蓮，滋味濃郁。另外，他也使用台南小農品牌「島食」的紅刺蔥糖製成餅乾。島食的創辦人亞利安（本名黃詩涵）善於用不同的組合創作出各種醬料和料理元素，於是策展團隊給了她「廚房實驗師」的封號，紅刺蔥糖正是出自她的巧手，她將溫醇甜香的黑糖，混合帶有檸檬和胡椒香氣的紅刺蔥種子。羅薩斯說：「一吃進去味道非常強烈，有很多不同的香氣變化，用在餅乾的效果絕對非常好，因為帶有突出的香料風味元素。」獨特的餅乾口味讓吃過的人都難以忘懷，在活動現場很快就銷售一空。

第二位是前一年泛亞廚藝邀請賽的冠軍主廚馬克．辛森（Mark Singson）。辛森是菲律賓移民，他以菲律賓經典冰品Halo-Halo混合各種食材的概念為靈感，用液態氮將台灣北海岸的寧靜海香草園的蝶豆花茶製成碎冰，搭配台式仙草凍、菲式七葉蘭雪酪、紫薯泥和椰果。而將所有食材連成一氣的是高雄甲仙山豬愛呷的手工蔗糖，素琴姊一家堅持有機耕作和傳統製糖十餘年，他們種植的甘蔗受到山豬的喜愛，經常被山豬啃食，一家人不但不生氣，還自豪自家產的糖是「山豬認證」的美味。

最後則是前一年和會田由衣合作過的東條英員，他用清酒、胡椒和台北胭脂食品社的檸檬鹽，將比目魚臉頰肉醃漬過夜，再沾裹上亞利安製作、焙炒過的香料堅果碎。東條告訴盧妍均：「這是我第一次使用這樣的食材，但我有豐富的料理經驗，我一嚐這個味道，檸檬鹽非常夠味，香料堅果沒有額外調味，就知道兩個可以搭配得很好。」主廚的熟客群試吃後，大讚這道魚吃起來非常有層次，檸檬鹽的風味尤其令人驚喜。

盧妍均把這些主廚創作的料理回饋給合作的農友，大家都感到十分驚豔，沒想到自己的產品飄洋過海後，可以長出新的生命，對生產者來說是很大的鼓舞。這些加拿大以往吃不到的味道相當受歡迎，因為活動期間每天有限定販售的量，有些民眾為了多購買一些，隔天又特地跑到現場來，培養出一批「靠嘴巴愛台灣」的粉絲。

這個單元展現出台灣飲食在夜市小吃以外的其他面貌，去談這些農友的生命故事，以及他們與土地的親密關係，比單純供應美食更有人的溫度。吳權益說，這麼做也是在拓展加拿大民眾對世界的認識，不要受限於對台灣和亞洲的刻板印象，讓「台灣」這個品牌的內涵更多采多姿。

然而，吳權益坦言，這次的展覽最大的困難是成本：「這些東西的售價再加上運輸成本，會變得沒有競爭力。但是，如果人家買你的東西純粹只是因為愛心、要挺台灣，就不會這麼斤斤計較價格。」現場還有民眾詢問：「那我這些吃完了，以後要從哪裡訂？」難以長期供應也是另一大難題。ACSEA仍在摸索更多方法，讓台灣小農與加拿大民眾的關係可以長久延續下去。

讓小農品牌躍上國際

小農的商品價格沒有競爭力，一般商業模式走不通，那就換條路線，在非營利的台灣文化節曝光：「用營利來講的話是一門大虧本的生意，可是為什麼台灣文化節可以做？因為台灣文化節本來就有策展、說故事的功能。我們都請表演團體來表演、唱歌，可以邀請畫家來展畫，那我為什麼不能邀請這些小農的產品來作為他們說故事的管道？其實它的功能是一樣的。」

在一般的銷售通路很難談理念，但透過策展就變得順理成章，也才能展現小農的價值所在：「我們雖然是台灣文化節，可是心裡面想的是怎麼樣讓這個產業、讓小農、讓這些人的心可以去發揮。」過去台灣農會慣用的行銷方式，是和某間超市合作，引進台灣水果，不斷強調那些水果有多甜、多香、多好吃，「可是誰會說自己的東西不好呢？」吳權益認為如果只靠「優質」來推銷這些農產品，是很容易被取代的，我們應該練習用更有創意的方法去說自己的好。宣傳小農的理念就是一種方式，因為理念可以超越味道，連結起對地方的認識。

「最重要的是，台灣就是這麼小，我們永遠都沒有辦法跟世界工廠的中國、越南去比價錢，因為我們已經跳脫那個時期，下一個階段要走的一定就是『質』的東西。」吳權益說，ACSEA下一步想做的是雙品牌合作，而他在已經參與台灣文化節兩年的萬豐醬油身上，看到這樣的發展潛力。

萬豐醬油在二〇一八年的「靠嘴巴愛台灣」初登場，隔年策展團隊又為萬豐醬油規劃了獨立的「醬油實驗室」單元，讓民眾現場試吃比較天然釀造醬油和化學醬油的差異，用五感去認識和品嚐醬油。其中的靈魂人物就是「醬油工程師」，也就是萬豐醬油第三代的吳國賓。

二〇〇九年，吳國賓因為工作過於繁忙、積勞成疾，又不捨古早味醬油失傳，決定離開科技業，回到雲林老家接手因化學醬油普及、無法負荷成本而沒落的家族事業。吳國賓回鄉後幾乎是從頭開始創業，一步步找回瀕臨失傳的釀造古法，他形容自己對待黑豆就像是在交女朋友：「最早的時候其實我是跟黑豆睡在一起，沒有地方養黑豆麴，所以我在自己的床旁邊就就架了幾盤，我是全天候、一整個禮拜都跟黑豆膩在一塊。」後期比較摸清楚黑豆的個性之後，從無微不至的照顧，轉變成擔心黑豆和他「鬧脾氣」，練習處理發酵失敗的麴菌：「整天都要忙進忙出，想辦法能不能把她挽回。」直到後來某次吳國賓在廚房煮醬油，聽到舅媽一句：「咦？那個香味有回來了！」他才放下心中的大石頭，欣慰地想著：「以後終於可以有吃不完的醬油了！」

他選擇與台灣在地的有機黑豆農合作，也仔細去探究台灣不同地區種植出來的黑豆是否具有不同的風味，加深與土地的連結：「這樣就會變得無可取代，這就是台灣的味道。」為了不讓這種釀造古法失傳，他在製醬過程中，善用自己的科技業背景，自己開發大數據資料的研究程式，打造釀醬的最佳環境，並記錄下發酵、濕度、溫度等詳細的數據資料，希望藉此保留台灣古早味的製醬方法。

因為如此處處講究，萬豐醬油的產量非常少，一個月只能生產大約四百瓶，但數量少也可能是種優勢：「它少到一個程度，基本上可以按照主廚的品質要求客製。」吳權益說，未來他們希望能夠促成萬豐醬油和東條主廚的合作，讓他的餐廳全面使用客製的萬豐醬油。如果有了這樣成功的案例，或許也能啟動小農去想像自己的產品走向國際的可能性。反過頭來，如果萬豐醬油變成「大師用的醬油」，或許也會在台灣國內造成轟動，讓萬豐醬油的堅持和美味被更多台灣人知道，形成良性循環。

不過，不是所有農產品或加工品都能有這樣的發展條件，運輸成本的壓力依然存在，因此ACSEA團隊至今仍在思考和摸索，如何讓小農突破產品和價格的限制。如果不販售商品，還能怎麼談這群懷抱理想的小農的故事？或許，他們所堅持的價值，不需要販售產品也能傳遞給民眾。「你不會去問一位老師、環保人士、人權律師，他們價值多少錢？因為他們的價值超越了金錢。小農不也是這樣嗎？他們捍衛的是土地的永續經營。」

吳權益提出一個問題：「你最怕農夫做什麼事？」恐怕許多人的回答是怕他們灑農藥，被消費者吃下肚。「很多人只是在擔心自己的安危，而不是怕我們的環境受到污染，可是這群小農做友善耕作為的是台灣這塊土地。」ACSEA希望未來能夠藉由策展凸顯這一點，讓小農帶領民眾往前跨出一步，開始關心土地與環境。

用料理和世界交朋友

除了透過小農的故事，讓加拿大人認識台灣，ACSEA在其他的美食單元也不斷尋覓更多與世界的連結。二〇一九年的「越愛台灣」，策展團隊在「友誼廚房」中，邀請多位主廚開設烹飪課，與民眾分享帶有台灣、越南等亞洲風味的料理，用美食搭起友誼的橋梁。

ACSEA為了策劃這次的活動，認識了台中越南餐廳的主廚張喬西。張喬西原本在金融產業工作，但一直懷抱著對料理的熱情。二〇〇六年夏季，她第一次到越南旅行，因緣際會和越南媽媽學習家常料理，自此深深著迷於越南飲食文化的細膩雅致，一再返回越南學習和消化，讓自己融入越南，創造出具有個人風格的越南料理。二〇一一年，張喬西在台中開了越南餐廳「小夏天」，希望能把她在越南體會到的美好風土與人情，傳遞給台灣人。每當客人到她的餐廳吃飯，除了能享受餐盤上融合台越料理哲學的美食，她總是熱情說著她在越南的精彩經歷，胃袋和心靈都獲得滿足。

張喬西的理念與台灣文化節不謀而合，很快就答應這次的合作。她向策展團隊引介了來自河內的明星主廚阮孟雄。阮孟雄是越南料理界新世代的代表人物之一，二〇一八年，張喬西曾邀請阮孟雄到台灣分享越南料理，參與市集、開設烹飪課、舉辦餐會，主廚儘管行程滿檔，卻沒有一刻鬆懈，連沙拉捲的生菜擺放角度都仔細講究，竭力傳遞現代越南料理之美。他堅持越南料理傳統，同時又保有創新的彈性，善於因地制宜和異文化互動，而他對待食材一絲不苟的態度，也讓小夏天團隊欽佩不已。

阮孟雄接獲張喬西邀請時又驚又喜，非常珍惜且看重能夠遠赴加拿大分享越南料理的機會。同年開設料理課的主廚還有來自日本的東條英員，這是他第三年參與台灣文化節，已經和ACSEA培養出合作的默契，明白團隊希望能創造不同族裔間的交流和對話，於是在活動前便向阮孟雄主廚提出挑戰：以越南料理的手法和風味，重新詮釋日式的蕎麥冷麵、天婦羅和壽司。

阮孟雄自覺身負重任，不能砸了越南料理的招牌，還沒到加拿大前的幾個月就開始做功課，甚至找到鑽研日本料理的越南廚師朋友惡補，才著手開發菜單。最後，他在這些日式料理中加入了關鍵的越式風味——越南魚露，讓日本和越南料理完美結合。東條主廚坦言，他早年曾在某篇日本報導中讀過越南魚露的製作過程，因為敘述的程序不太衛生，讓他一直對越南魚露心懷抗拒，不過為了台灣文化節，他願意用開放的心態重新認識魚露。

活動正式登場前，來自日本、越南、台灣的三位主廚原先約定在東條的餐廳會面，無奈當天竟遇上餐廳因廚房的小火災意外臨時停業，東條也不幸受傷，但他仍堅持履行承諾。幾天後三人碰面時，東條主廚的腳上還纏著繃帶，親切接待兩位年輕廚師，絲毫沒有料理界前輩的架子，讓原本戰戰兢兢的阮主廚鬆了口氣。東條和阮孟雄談論分享彼此的料理，東條主廚現場示範生魚片和手捲的製作，而阮孟雄也用帶著越南風味的日本料理征服了東條的味蕾，讓他徹底對越南魚露改觀。張喬西回想當時的場景：「我看見的是一對相差二十幾歲、背景差異巨大的大廚，人生卻都因為抱持理想，敢於創新與勇於挑戰，在加拿大有了溫暖和諧的交會。」

酒足飯飽後，大夥聊起台灣、越南和日本三地的連結，東條提起台灣在日本震災時的大力援助，阮孟雄則提到越南許多基礎建設背後都有日本的支持。張喬西說：「那一幕，使我更深刻明白，儘管存在歷史傷痛，不代表現代需要對立。小至個人，大至國家，每個善意的當下都在為更好的未來鋪路。」不同族裔間的交流往往會受到歷史、語言、國力落差等因素影響或阻礙，折射出族群和個人生命歷程裡的傷痕與掙扎，然而當我們敞開心房、善待彼此，正如東條主廚接受了越南魚露，成見與創傷終能消融。

「友誼廚房」料理課早早就報名額滿，但活動當天依舊吸引到許多觀眾，即使無法實作試吃仍在一旁圍觀，聆聽他們的故事和分享。張喬西至今仍難以忘懷現場民眾專注的眼神，實際參加料理課的朋友即便一開始有些害羞，最後卻熱情爭相提問互動、上台分享心得，幾乎每場料理課都是超時收尾，總有人捨不得離開。「食物是一種共通的語言，」張喬西說：「我們想透過分享食物和文化交流，來和溫哥華人交朋友。」

台灣就像一張餐桌，能夠承載不同族群的味道和故事，也能夠啟動友誼的對話。而兩年後，ACSEA真的讓多元族裔齊聚在一張餐桌旁，希望再次以台灣為平台，把世界串連起來。

世界的餐桌

二〇二一年，ACSEA為農曆春節的LunarFest，拍攝了名為「文化圍爐」（Melting Pot, I Think Not!）的線上美食節目。台灣人過年團聚時喜歡圍爐，但這不是台灣獨有的文化，東南亞其他國家也有火鍋料理，於是策展團隊邀請了住在台灣的幾位東南亞朋友，來分享他們獨具特色的火鍋和年節料理。

台北泰幸福泰式料理的泰籍主廚符永明（Tawatchai Kasemweerakul）帶來泰北的泰式陶鍋，把陶鍋放在木炭上加熱，在清水裡投入南薑、香茅、檸檬葉，煮滾後即可開始涮肉煮菜，蘸著檸檬汁、蒜、辣椒、香菜、砂糖和魚露調製的酸辣醬料吃。

在台北經營棉泰越南小吃的台越夫婦梅格碩和吳玉霜（Ngoc Suong Ngo）帶來酸辣魚湯，先用豬大骨、洋蔥等食材熬煮四小時之久，再加入鳳梨、檸檬、羅望子、番茄、生辣椒、香茅、越南香菜，以及越南商店才買得到的河魚巴沙魚，慢慢煮成一鍋酸辣甜香的魚湯。上桌後，隨喜加入各種食材烹煮，搭配的醬料則是拌炒辣椒、香茅後，加入蔥、香菜、純魚露製成。

英語教師黃美瑛則準備了馬來西亞馬六甲特有的火鍋沙嗲朱律，湯頭要用紅蔥頭、蒜、香茅、南薑、椰糖、羅望子、花生、辣椒慢慢煸炒成濃香的醬湯。要下鍋川燙的食材也不馬虎，有帶餡的釀豆腐和填入魚漿的糯米椒，連空心菜都紮成翠綠的結，全串在竹籤上，方便煮食。

除了三種東南亞火鍋，為了應景，他們也將許多帶有「年味」的年節菜色端上桌，包括泰北辣拌豬配糯米飯、越南焢肉和芭蕉甜粽、馬來西亞華人過年必吃的蜂窩餅。大夥齊聚餐桌旁，一邊享用美食，一邊聊著家鄉過年的習俗和回憶，以及在台灣生活的點滴。

符永明的爸爸是移民泰國的台灣人，媽媽是泰國人，在泰國出生長大的阿明師傅，十七歲就決定來台闖蕩，至今已經在台灣住了十四年之久，也愛上台灣的火鍋，可是每次吃台式火鍋，他總會帶上自製的泰式醬料，吃起來才對味，也讓他回憶起泰國的家鄉。

吳玉霜說：「姊妹常會說很懷念越南火鍋的味道。」因為這道酸辣魚湯比較不是台灣人偏愛的口味，平常他們的店裡不會供應，但每每有越南姊妹打電話來，他們都會特別為她們準備。

黃美瑛因為來台旅遊而結識台灣先生，結婚後就在台灣住了下來。她說，馬來西亞的火鍋文化是潮州人帶來的，潮汕移民更將東南亞的沙嗲改良成沙茶醬，傳入台灣，被台灣人發揚光大，成為台式料理的代表之一。這麼一鍋香甜濃郁的沙嗲朱律，隱約訴說著馬來西亞與台灣之間的連結，饒富歷史的興味。

分享回憶，同時也分享菜色，這群東南亞朋友混搭著各式菜餚，越南的酸辣魚配泰式醬料，馬來西亞的沙嗲醬配泰國糯米飯，美食的對話不斷激盪出嶄新的味覺火花，而文化與生活的厚度也讓一道道菜餚更加深刻動人。

透過這場「文化圍爐」，ACSEA用料理描繪出一幅願景，台灣是一座承載著來自四面八方的故事與生命的島嶼，當我們能夠放下偏見與歧視，移民不需要同化，不需要拋棄自己身上故鄉的點滴，也能成為台灣的一分子，更可以是台灣認識世界、與世界對話的窗口。

做世界的鹽

二〇二一年，吳權益因為新冠肺炎疫情，回加拿大的機票一再延期，但因故滯留台灣反而讓他得到更多刺激，ACSEA團隊馬不停蹄跑遍全台，挖掘了許多具有發展潛力的人和故事，也認識了更多小農，他笑說：「累積的素材可能到我退休都做不完了！」

三月初，ACSEA團隊與吳權益一行人拜訪了嘉義布袋的洲南鹽場。洲南鹽場距離布袋港的海邊不遠，方便引入海水到鹽田中曬鹽，大夥一下車，陣陣的海風就迎面吹來，和煦的春陽照著一格格的鹽田，鹵水水面閃耀著柔和的光芒。洲南鹽場的大家長蔡炅樵先生和妻子沈錳美熱絡地招呼著訪客。蔡炅樵因長年在鹽田工作，皮膚曬得黝黑，但一談起鹽，臉上便自帶光彩。

嘉南沿海地帶曾是台灣的鹽業重鎮，但在一九七〇年代，隨著工業發展，台鹽在苗栗通霄設置精鹽場，也開始從澳洲進口粗鹽加工，台灣本地傳統的日曬鹽逐漸沒落。一八二四年闢建的洲南鹽場儘管歷史悠久，也不敵進口鹽和精鹽的低廉價格競爭，最終於二〇〇一年廢曬。二〇〇六年，在布袋土生土長的蔡炅樵原先在報社工作，因緣際會接下政府的文化資產計畫，開始訪問在地的老鹽工，記錄布袋鹽業的口述歷史。二〇〇八年，他和沈錳美等志同道合的夥伴不捨鹽田荒廢、鹽業文化流失，向嘉義觀光局承租部分的鹽田，重新整建復曬。

如今，洲南鹽場是台灣極少數仍堅持人工曬鹽的鹽場。蔡炅樵一路走來克服種種困難和挫折，從拿筆的文字工作者，蛻變成扛鋤頭和扁擔的曬鹽職人。他帶著ACSEA團隊脫鞋赤腳走上鹽田間的土堤，滔滔不絕談著陽光、海水、季風、土地如何影響鹽的風味，曬鹽又如何建立起人與自然生態的關係。

他隨手摘下鹽池旁生長的濱水菜給團隊成員嚐嚐，肥厚的葉片帶有清新的鹹味和微酸，又將大夥領到一口鹵水池：「你們褲管挽起來，腳泡進去看看。」表層的鹽水因太陽曝曬而溫熱，中層降溫冰涼，但當腳碰觸到池底的泥地，地熱反而讓鹽水升溫。「台灣的土地是溫暖的。」那看不見卻真實存在的地熱讓吳權益深受感動。

鹽田旁擺著一簍簍從結晶池採收上來的粗鹽，這些鹽還要經過烘乾、研磨等處理程序，才能成為廚房裡必不可少的食用鹽。這種鹽是鹵水經過數週日曬、換池，最終在池底結晶採收而成，不過洲南鹽場還有另一種鹽，要有足夠炙熱的陽光才能生成，那就是「鹽花」。在陽光充足的日子，傍晚時分的鹵水表面會出現一層薄薄的結晶鹽，必須把握時機採收，否則就會沉到池底，這層結晶細緻白淨，被暱稱為「鹽之花」。鹽花的口感輕薄鬆脆，尾韻甘甜，很能襯托出食材的原味，也比一般食用鹽更加珍貴。

除此之外，不同年分和時節的氣候條件，以及鹵水中在適當氣候下滋生的藻類含量，都會影響鹽的風味。洲南鹽場至今已經推出多款食用鹽和鹽花，每一款都有獨特的滋味和尾韻，藻鹽帶有昆布的鮮美，夏至鹽花鮮明強烈，秋分鹽花柔和雅致，這些都是布袋風土和製鹽人共同創作的結晶。蔡炅樵說，洲南鹽場的鹽畢竟成本較高，價格比一般市面上的鹽來得貴，他很早就認知到這樣的產品只能走小眾市場，也已經培養出一群死忠顧客。

不過，吳權益卻不這麼想：「全世界的人都要用鹽，你的鹽是台灣才有的味道，如果台灣人出國都能帶著台灣的鹽，去講台灣的故事，就不小眾了。」日曬鹽是台灣特有的氣候風土交織而成的滋味，既方便攜帶又是餐桌上不可或缺的配角，將是能夠代表台灣最美好的禮物。

吳權益說：「台灣堅持當主角是沒有意義的，我們不用搶別人的好，只要成為大家的夥伴，陪伴世界的美好，就能讓台灣被世界需要。」鹽巴看似微不足道，卻能襯托出食材的美味，讓料理鮮活起來。鹽巴的角色就是台灣的路，台灣不需要爭第一，做自己也能陪伴世界，為世界貢獻一己之力，找到屬於我們自己的位置。

傍晚，夕陽的照耀讓鹽田的水色更加繽紛燦爛，那美麗的景色令人難以忘懷。大夥在餘暉中和洲南鹽場道別，蔡旻樵充滿幹勁地說：「今天我收穫很多，開啟許多不同的觀點，感覺有很多事情可以努力呢！」這天，可以一起為台灣打拚的同伴又多了幾人，彼此的思考和想像讓未來的路又寬了一些。

吳權益經常開玩笑說，ACSEA就是到處「搧風點火」，每次的會面和合作都是起點，他們聆聽不同的故事，從中尋找行動的契機，有時火花一觸即發，有時則要等待時間的發酵，甚至會往意想不到的方向走去。

「我們現在是在整地，等到地整得差不多了，要種東西就容易了。」盧妍均微笑著說。

第十章

最愛是台灣，最難也是台灣

參與台灣文化節並投入文化活動籌辦工作的二十年來，吳權益頻繁和加拿大的公家單位、私人企業、藝文界、新聞媒體打交道，也和台灣的藝文團體、公益組織等多有合作。長年累積的經驗讓他懂得在面對不一樣的對象時，用不一樣的方法去溝通和串連，為ACSEA籌劃的活動拓展更多資源和可能。

然而，每當提到和台灣政府單位或海外台裔僑界的互動，吳權益總是百感交集。他坦言，有時和「自己人」溝通比對外更耗費心力。有些台灣人重視人情，卻往往成為行動的包袱。有些台灣人習慣用某些標誌和形象來代表台灣，卻反而畫地自限，難以踏出自己的小圈圈。還有些台灣人十分看重獎項和名聲，卻忽略實質的作為。

某些問題可能連台灣人自己也心有戚戚焉，但是要公開談論就像揭自己人的瘡疤，令人卻步。吳權益提起這些問題時卻沒有太多猶豫，他強調，把這些事情攤開來談，並不是為了批判特定人士，而是因為他確實感受到，這些問題讓投入藝文工作和公共事務的有志之士窒礙難行，必須讓更多人了解，凝聚敦促改變的力量。

難以化解的僑界紛擾

僑務委員會是台灣主管僑民事務的最高主管機關，而僑務委員通常是聘請海外僑社的僑領來擔任，除了服務僑民，扶助他們在海外的經濟或教育事業，也設立文教服務中心，期待能藉此在海外推廣台灣文化。

雖然政府希望能透過僑民的力量，代表台灣在海外發揮影響力，但事實上僑界是個相當封閉且綿密的人脈網絡，必須仔細經營人際關係才能打入僑社的圈子，而私底下領袖地位的競爭也時常暗潮洶湧。儘管這些僑領和海外僑民的關係良好、人脈暢通，但大多不熟悉文化領域的事務，因此比較少思索如何跨出台裔社群，和其他族裔互動。

生活在北美的台裔因為是少數族群，往往會盡力展現自己的文化，爭取主流社會的曝光和能見度，舉辦文化活動是常見的方法之一。從這些文化活動內容，可以看出僑社對台灣文化的詮釋和表達方式的差異，比較傳統的僑社偏好寫書法、舞龍舞獅這類的展演，而較年輕的成員可能會有其他較新穎的想法，此時僑社內部若無法取得共識，就容易導致意見分歧。

早期台加文化協會舉辦台灣文化節的方向雖然沒有傾向「中華文化」，但在美學設計和活動規劃上也較為傳統，後來漸漸有吳權益等比較年輕的世代參與，帶入一些創新的思維。在過程中，吳權益和幾位台加文化協會重要的創始前輩曾有些糾紛，雙方因為理念和做事方法不同，導致關係出現裂痕。

這也是吳權益選擇在台加文化協會的架構下，另創ACSEA的原因之一。台加文化協會仍有些前輩支持吳權益比較創新的策展方式，甚至成為ACSEA的成員和顧問，而吳權益至今也仍是台加文化協會的成員。ACSEA最初的名稱也是「台加文化活動協會」，一直到二〇〇九年才在理事會的通過下讓兩個團體完全切割，讓ACSEA完全負責台灣文化節。

吳權益說，他年輕時常常想說什麼就直接脫口而出，容易得罪前輩，如今回想起自己太過口無遮攔有些後悔，如果用更委婉的言語去和這些前輩溝通，讓他們也認同自己想讓台裔社群影響力擴大的初衷，一起來討論出雙方都能接受的做法，或許他們現在的力量會更加強大。他曾試圖道歉和修補這段關係，但這個心結卻遲遲無法解開。他坦承：「這是我這二十年來最大的遺憾。如果我當時會處理這段關係，我覺得不會這麼糟。」

僑界內部這類必須顧忌情面的壓力，讓吳權益後來選擇和僑社、僑委會保持距離，目前在ＡＣＳＥＡ工作的成員也鮮少和僑界互動。不過，吳權益內心其實非常樂意和這些僑界前輩合作：「我現在常常跟我們的年輕人講說，如果當初有一個人告訴我要怎麼樣處理，可能會好一些。我希望這個課題是要學習的，要學習的重點不是我怎麼去批判他們，而是讓他們這一代的人認知到說，有不一樣的方法來談你們最愛的台灣。」

台灣社會似乎有種迷思，講話要有分量、要有自己的舞台和人脈，才不會淪為無名小卒。「太多人在爭這些功勞，要展現自己的重要性，但我認為再怎麼重要，都沒有我們心中的台灣重要，把自己退下一步、當老二都沒關係。」吳權益能夠從這些前輩身上感受到他們對台灣的愛，可是往往在爭奪社群內話語權的過程中，模糊了焦點：「他們只會講自己熱愛台灣，可是沒有方法去『表達』他對台灣的熱愛。」

公家單位的「樂觀其成」

ＡＣＳＥＡ和台加文化協會的關係至今仍有些芥蒂，台加文化協會內部也有聲音，希望能再舉辦自己的台灣文化節。二〇一八年，台加文化協會籌劃舉辦「台加藝文節」，將時間訂在ACSEA的「台灣文化節」前一個多月，地點同樣選在溫哥華市中心。ACSEA得知這個消息時，認為這個活動極有可能分散溫哥華市民的注意力，讓居民參與的能量難以集中，不利於長期的發展。

過去吳權益曾經主動聯繫台加文化協會，提議雙方合作籌辦活動，但三度遭到對方婉拒。ACSEA擔心再次直接向台加文化協會提議合作會得到同樣的答覆，於是決定求助駐溫哥華台北經濟文化辦事處，希望他們能夠扮演雙方之間協調的橋梁。沒想到，當時處長的回覆卻是：「任何人要辦台灣相關的活動，辦事處都樂觀其成。」面對這可能有損台灣形象的狀況，辦事處沒有去整合僑社內部不同的力量，也沒有去思考長遠的後果，而是選擇了一個最安全省事的做法——不得罪任何一方。最後，反而是由溫哥華市政府出面，婉拒台加文化協會的活動申請。

台灣人這種「怕得罪人」的包袱在公家單位的作為上隨處可見。「我們常常不敢去表達我們要表達的聲音，不敢去得罪人。」可是，吳權益認為如果要真正發揮影響力，就不能有此顧慮，要勇於發聲：「得罪人的方法不是要讓對方難看，而是要去站在所謂的『我們的共同價值觀』去深化它。」只要堅持理念，勇敢提出主張，反而能讓人留下深刻印象，也才有可能成為意見領袖。

而台灣的公家單位也常常為了避免得罪任何一方、落人口實，選擇平均分配資源，維持表面的「公平」，以補助的團體數量和成果報告書的份數來衡量績效，誤以為多多益善，卻不去看實質產生的效益，忽視長期下來可能有弊無利的事實。

加拿大政府的做法並不相同。加拿大卑詩省有個類似文策院的單位，名叫「Creative BC」，目標在推動創意產業的發展。吳權益曾和Creative BC開過幾次會，令他印象深刻的是，和他一起與會的團體都不是他平常會接觸到的族群，例如多元性別社群或偏遠的小型社區，因為Creative BC不斷在尋找仍無法自力發聲的團體，將政府資源提供給這些較為弱勢的群體。

這樣的做法在加拿大的文化單位並不罕見，吳權益表示，這是因為他們堅守多元文化精神，盡力讓少數族群的聲音也能夠被聽見和尊重。在加拿大，公務人員的角色是輔導民間團體取得資源，而不是要求民間團體遵照執政黨的政策改變，因此對弱勢團體的支持可以長期延續，不受政策更迭影響。

就連一般的加拿大公民也將多元價值身體力行。「加拿大人很習慣為別人講話。」吳權益說，在會議場合經常能聽到加拿大人質疑某個族群的代表為何沒有受邀出席，或是大方將自己的人脈分享給聲量較小的個人或組織，ACSEA許多的串連合作，就是靠著藝文界友人向更多人推薦引介他們而促成的。吳權益認為，這樣的公民精神是一股由下而上的力量，影響並監督著公家單位。

因為懷抱著高過個人利益的願景，無論是公家單位或公民，加拿大在政策的制訂或執行上總是以解決問題為首要任務，政府和民眾之間存在一定的互信基礎。政府單位在決定政策方向時，會舉辦公民講座，讓與該議題相關的民眾參與討論。吳權益說：「加拿大在舉辦公聽會不是讓大家吵架用的，而是要集思廣益、共同激盪出解決方法。」至於文化單位在分配資源時，則會藉由同儕衡鑑（peer assessment）來彼此評量，另外還會舉辦專業人士組成的諮詢會議來提供建議，協助輔佐申請經費的團體或社群。

相較之下，這種「共同解決問題」的氛圍在台灣卻是少見的，台灣的民間組織在爭取資源時，往往必須配合公家單位制訂出來的標準和形式，公務人員也已經習慣照著一成不變的程序來做事，如此一來彈性和可能性就少了許多。或許，當我們放下這些形式上的框架和人情包袱，才能讓出空間來孕育對話、創新和改變，也才能建立起政府和人民互相信賴的共同體，攜手往更好的方向走去。

加拿大文化部和溫哥華文化局在意的總是台灣文化節的活動內容是否是社會所「需要」的，而非社會大眾所「想要」的。在加拿大，公務人員的角色是輔導民間團體取得資源，而不是要求民間團體遵照執政黨的政策改變，因此對弱勢團體的支持可以長期延續，不受政策更迭影響。這些公務員許多都出身藝文圈，懷抱幫助與關心弱勢的熱忱，堅持捍衛弱勢團體的價值。此外，公民社會的力量也非常強大，如果有壓迫弱勢權益的疑慮，很容易遭受公民的質疑，進而能夠監督公務人員的工作。

台灣的公家單位是否擁有像 Creative BC 這般不受改朝換代影響的終極目標？是否期許自己成為意見領袖，又或者只是盡可能滿足所有人的要求？以推廣台灣文化、鞏固外交關係為目標的單位，是否發展出明確的台灣論述，或者只是隨著執政黨和僑界起舞？如果我們放下「怕得罪人」的包袱，或許就有空間去思考這些問題，找到答案。

建立台灣印象之必要：我們需要刻板印象嗎？

有一天，一位三十出頭的台裔年輕人對吳權益說：「Charlie！你做的事情很棒，可是我們很難給人家一個很清楚的『台灣印象』。」吳權益問他：「你的『台灣印象』是什麼？」他說：「就是我們台灣人看到就會知道『那就是台灣』。」

一個讓人一眼即知「這就是台灣」的符號，是不是必要的？如果是，那個符號是什麼？如果不是，台灣可以是什麼？

吳權益曾參加過一些海外僑社與駐外單位合作的文化活動，深感「刻板印象」要在國際上「發聲」，效益極微。在美國的聖地牙哥、紐約、澳洲，都有類似台灣文化節的活動。舉辦活動的僑社，很多成員已是當地出生的第二代，活動呈現的內容有：烏龍茶、珍珠奶茶、便當、電音三太子、客家花布、台灣香腸、肉粽、草仔粿、紅龜粿等，都是對台灣人而言很熟悉的事物。

不斷強推「台灣刻板印象」是行之有年的做法，但主辦單位一直沒有機會去提出深度的論述，輿論也不曾辯證它的有效性，往往落入「台灣有什麼就展什麼」的窠臼。然而，

「這些東西和當地的連結幾乎是沒有的。」吳權益說：「這種做法有一定的侷限在。呈現家鄉的味道，不是只有台灣人會做，每一個文化社群都會做。問題是，這些東西對於台裔社群以外的當地人，意義在哪裡呢？我們之前做了二十年，覺得沒有辦法再重複了，我們必須思考，在海外呈現『台灣印象』究竟對其他國家、其他族裔的意義何在？」

他們的內容就像台灣的大外宣。這些活動的主辦者大多由一點五代和第二代組成，活動內容要配合僑委會的要求，會安排一些僑委會派出去的團體。有時也有些關於當地的主題、第二代的節目，但不是和當地其他族裔對話的型態。

電音三太子近年來也常常出現在僑社的活動中，台灣文化節過去也曾邀請過。「和〈高山青〉這首歌一樣，電音三太子代表著『台灣意象』。但人家搞不清楚這是什麼，只覺得很可愛，會跟它拍合照。」至於電音三太子背後的信仰脈絡、與台灣陣頭的關聯性，以及為什麼會出現如此誇張、可親的視覺造型，不只是「非台裔」的民眾不會知道，台灣人也未必清楚。

如果只是在「展示台灣」的框架下輪番置換這些台灣意象，內在的精神沒有改變，等於每一年都在做一樣的事情。當這些所謂「讓人一眼即知」的「意象」都展示完了，下一屆就會面臨困境：我們還有什麼讓人「一看就知道是台灣」的東西？如果沒有，新的面貌又可以是什麼？

在紐約中央公園舉行的「台灣之夜」是紐約台僑社團舉辦的活動，在當地的台僑圈子中也具備不小的聲量，以台灣音樂為主題，免費開放一般大眾入場。二〇一九年邀請了阿爆、9m88、Tizzy Bac、萬芳等知名台灣音樂人，參與的民眾有留學生、當地學生，也有不少台裔第二代。但如果能利用這個機會，進一步促進台灣樂團與美國音樂人的互動，交流的效果就可以更加深化。

「對當地民眾而言，我為什麼要去聽台灣音樂？除了好聽之外，我還有什麼理由要去聽它？」吳權益與ACSEA的策展團隊不斷在思索這個問題：「就像我在台灣，聽到好聽的音樂，吃到好吃的東西，我被感動到，但我不一定認識這個故事到底是什麼。我們關注的是，所謂的『台灣精神』能不能透過這些事物傳達出來？」

曾經有一位紐約僑社的策展人來到加拿大台灣文化節，對ACSEA的策展邀請表演的歌手提出質疑：「為什麼要找丁噹？丁噹是中國人。」策展團隊的回答是：「丁噹的職涯是從台灣開始的，台灣有能量去幫助各地想要用華語做音樂的人，我們想要表達的是這個理念。」

「展出內容只能是一眼即知的台灣」，正是台灣僑社的自我侷限。

ＡＣＳＥＡ不斷在尋找和其他僑社不同的切入點來論述台灣：「你今天認為台灣是這樣，我就要導到另外一些面向是你沒有見過的，就是包括台灣人可能自己也不知道的，因為外面看台灣的看法某種程度來說已經是定型了。」當其他團體都在用夜市和珍珠奶茶代表台灣美食，ＡＣＳＥＡ選擇展出台灣小農的故事。當其他文化節塞滿了「台灣味」的符碼，ＡＣＳＥＡ改以呈現在台灣落腳的其他族裔的故事。

公務員也需要創意思考

強化台灣刻板印象的不只有海外僑民，台灣政府也使用刻板化的方式在宣傳台灣。觀光局總是千篇一律地主打台北一〇一、故宮博物院、夜市等「招牌」景點，或是買下外國地鐵和電視牆廣告，喊喊「台灣是亞洲之心」的宣傳口號。其實，來台的外國旅客很容易就能找到這些觀光景點，短短的標語也難以留下深刻印象。如果觀光局能夠挖掘更多與眾不同的景點和故事，甚至是針對不同國籍和背景的旅客去設計行程，效果顯然會比現行的方法更好。

要讓加拿大人記住台灣，就必須先了解加拿大，才能投其所好。

加拿大人特別喜歡去墨西哥，享受溫暖的海灘假期，因此ACSEA曾帶著一名加拿大旅遊記者到墾丁，參加春天吶喊音樂祭，當他得知這是由兩個美國人多年堅持舉辦的音樂節，頓時倍感親切。春吶的創辦人吉米（Jimi）和韋德（Wade）是在台灣定居的美籍音樂人，為了給台灣的年輕音樂人一個舞台，從一九九五年開始，靠著英文教學等正職存下來的積蓄，每年自掏腰包舉辦音樂祭，成為台灣獨立音樂的重要推手與場景。在墾丁可以享受音樂、沙灘、南國的氣候和亞洲的美食，有墨西哥的海灘風情，又有不同於墨西哥的特色，是加拿大人會非常喜愛的行程。

加拿大參議員李建堡（Larry Campbell，加拿大政治人物只要選區裡有華語社群都會再取一個中文名字）現年七十多歲，擁有蘇格蘭血統，習慣戴著一副黑框眼鏡。二〇〇五年，他在擔任溫哥華市長任內曾經來台參訪，當時他們短暫造訪高雄後，他很直接地詢問吳權益：「為什麼你們外交部一天到晚帶我看台北？」在他眼中，依山傍海的高雄比台北更有魅力，他非常喜歡西子灣，而高雄的城市氛圍與溫哥華十分相似，更能引發他的共鳴，外交部卻只安排他停留半天，讓他感到十分可惜。

當觀光和外交單位已經習慣用這些刻板印象來代表台灣，就容易忽略，當對話的對象改變時，如果運用不同的宣傳方法，其實更能讓台灣被世界認識。

二〇一七年，台北在籌辦世界大學運動會時，ACSEA曾經毛遂自薦，向台北市政府觀光傳播局提案。大學青年往往是熱心投入公益的族群，如果可以藉著這次世大運的機會，展現出台灣大學生對公共議題的關注與公益行動，並和外國的大學青年互動交流，將能讓世界各地的青年記住台灣。然而，當ACSEA在會議上提出這樣的構想，儘管世大運行銷組成員非常讚賞這個觀念，主事的觀傳局人員卻難以和他們對話，只願停留在比較傳統的宣傳行銷方法。

根據吳權益的觀察，台灣政府的觀光推廣單位中，大多都是沒有行銷經驗的公務人員。「台灣舉辦這些世界性的大型活動都是官方主導，」然而，他從參與溫哥華冬季奧運的經驗學習到，「其實可以引進一些民間的力量，或是民間的企業品牌，這些都是很好的機會讓台灣的活動文化轉型。可是我們沒有，變成官方一直在消費這些大型活動。」

「創意這種事情在我們的公務員身上是沒有的，就是承襲上一屆怎麼辦，我們就怎麼辦；依照法令怎麼做，他就去做。」吳權益曾想像，如果今天總統下令，每一年台灣都舉辦一次公務員的「創意評鑑」，一個公部門要提出當年度三件最有創意的事情，再請外面的單位來評估，他們認為哪一件是政府的創舉？如果「創意」成為公務員的績效指標之一，能不能改變公務體系一成不變的文化？

「我們不斷在追求創意和新的想法，卻一直被要求在很制式的表格中填寫我們的東西。」每次ACSEA要和台灣的公務員對話，總得耗費許多心力，才能傳達他們的理念和計畫，還會被認為是在找麻煩、增加公務員的工作負擔。「如果我是執政者，我會用這種方法落實在公務體系裡，要求他們要把創意發揮出來，讓整個政府呈現以創意為主導的、活潑的政府，而不是流於形式的政府。」這麼一來，也能吸引到有創意的人加入，並改變僵化的公務體系，讓公務機關從文化發展的阻力變成助力。

國旗放大一點

除了「不夠台灣」的批評，台灣文化節還時常被扣上各種政治立場的帽子。最大的爭議點就在於國旗，尤其是在國民黨執政時期，僑委會曾三番兩次找他們討論活動現場沒有掛國旗的問題。政治立場偏藍的台僑也會抗議：「為什麼我們都看不到國旗？想要有一個能叫台灣的東西都叫不出來！」「為什麼一定要看民進黨的旗子？」

吳權益之所以選擇不掛國旗，是因為加拿大有許多台僑都是二二八受難者的家屬，或是因白色恐怖流亡海外人士的後代，他們看到中華民國國旗，心裡面是不舒服的。「既然我們已經在加拿大了，能不能不要在這面旗子上去爭，先讓我們去認識彼此？」可是ACSEA仍會面對公家單位的質疑和「建議」，告訴他們報告書的某些空白處可以放上國旗，或是活動現場應該要掛出國旗。吳權益當時向他們解釋，台灣文化節雖然旨在深根台灣的經驗與文化，但它畢竟是由一群有台灣背景的加拿大公民籌辦的活動，以此為由婉拒了他們的要求。

那幾年，唯一可以看到國旗的時刻，是在政治人物出席活動時，他們仍會在LED

背板寫出他是中華民國的某某人，並出現國旗的圖樣。一直到近年，台灣的綠營人士似乎已經沒有那麼排斥國旗，台裔移民第二、第三代對國旗的愛恨糾葛也已經淡化許多，再加上「我們的台灣論述比較強一點的時候」，ACSEA開始比較敢用國旗代表台灣，但不會刻意去強調國旗的政治意涵。

台灣文化節曾經遇過中國人到活動現場走了一圈，看不到「中國」兩字，回去就寫了篇文章說：「這個活動鐵定是台獨辦的。」藍營和綠營的中國化和去中國化主張，也總是影響著公家單位對他們的指示，讓吳權益不禁說：「台灣很辛苦，在這種文化論述上我們一直反覆地被政治化。」

無論掛不掛國旗，都會引發不同政治立場的批評，表示這個活動拿了國家的補助，就應該明確表示是中華民國或台灣的活動，否則就有「混淆國家地位」之嫌，導致ACSEA動輒得咎，也讓活動籌辦工作綁手綁腳。對此，吳權益的應對方法就是擴大活動的規模，並爭取地方企業或政府的贊助，減低台灣政府補助的比例，也就不必再對台灣的公家單位唯唯諾諾。

那麼，在吳權益眼中，「台灣性」如果不用夜市、故宮和國旗去表示，該如何呈現？

答案就在於台灣和世界的連結。在國外，如果你只用某個形象來代表台灣，對當地人而言不過是一閃即逝的符號，「但當你講出跟他之間的連結，他會永遠記得，他跟台灣有關係。」

要找到台灣和世界的連結，前提是要先認識世界。「今天如果你的作品要跟馬來西亞對話，告訴我，你對馬來西亞的認識是什麼？你只要花一點心思就會找到了。如果你不願意花一些時間去做這件事情，那為什麼馬來西亞人要花時間來認識你？這是不公平的。」吳權益說，在認識他者的過程中，儘管要付出時間和心力，但我們也能更認識自己，找到自己的特色，建立自己的論述：「我們哪裡跟馬來西亞不一樣？跟印尼不一樣？哪些是你在台灣可以找到的原汁原味？」

吳權益認為，若要為台灣下一句標語，應該是「Taiwan Does Good」——台灣做了一些好事情。「台灣其實滿有善心的，我們對別人沒有什麼惡意，雖然總是在講自己多好多好，但那個意圖也是為了想要做好事情。」台灣是一群想要幫助他人和世界的人，不管是台灣的公益行動、科技產業、藝文創作，都是我們在努力實踐、良善的好事。

硬不起來的軟實力

台灣文化節曾經連續六年獲頒加拿大藝文活動事業協會（CEIA）的最佳文化活動獎，後來策展團隊認為比起花心思得獎，不如專注在好好做事上，因此決定不再送件參賽。

「可是那個獎項超好用的，我可以拿回來台灣說我們得獎，很多人就會很高興，他們也不會問我那個獎究竟是什麼獎、有多重要，我只要寫在公文中介紹是加拿大最佳文化活動獎，台灣的政治人物看到就會很開心。」吳權益說，他常常因為這類的遭遇，感受到台灣似乎有種虛偽的文化，喜愛追求光鮮亮麗卻虛無飄渺的形象，卻不去建立和深化實質的關係。

為了滿足這樣的虛榮心，台灣的贊助單位和主辦單位名稱一定要出現在海報上，否則便會擔心自己遭到忽視。此外，儘管加拿大與台灣的外交官都會要求能公開致詞，但某些台灣外交官態度經常較強硬，甚至不顧活動時間可能因此超時。

台灣人喜歡在意這些表面的小事，卻沒有文化論述能力。吳權益說：「我們沒辦法拿我們身邊的文化與我們自己的文化去做比較，這是我覺得最危險的地方。你只知道你懂的，就會變成單向的輸出、妄想用自己的價值觀去洗腦別人，不願意開放自己的空間去和對方交流。」

二〇〇六年，台灣文化節曾邀請高雄女中的儀隊赴加拿大演出，當時吳權益沒有想太多，純粹認為儀隊是一種台灣特色。不過，近年他偶然得知有個組織邀請北一女的儀隊到亞伯達省的卡加利（Calgary）演出，他突然開始質疑：「為什麼台灣的高中還有儀隊？這群高材生知不知道軍訓和儀隊代表的意義是什麼？」吳權益認為，是這幾年接觸加拿大的原住民、日裔集中營等議題，開拓了他的視野，看見儀隊的威權象徵意義。台灣人是否探究過儀隊背後的脈絡和意涵？而在重視進步價值的加拿大，邀請台灣儀隊表演是否恰當？這樣的表演如何在加拿大當地產生漣漪，又會留下什麼樣的台灣印象？

吳權益說，許多台灣人仍抱持這種根深蒂固的觀念：「我只告訴你我要的，我要你認識我是誰，但我不在乎你是誰。」可是這樣的觀念有可能讓台灣失去國際空間。中國社群正在以多種方法和管道，公開或暗自滲透傳播自己的文化，但台裔社群卻相對安逸，有台灣政府照顧，生活在自己的舒適圈裡。吳權益擔心，如果台裔社群再不和其他社群互動，恐怕會被主流社會遺忘，聲音也會被中國社群淹沒。

最愛是台灣，最難也是台灣。台灣文化蘊藏著與世界連結對話的能量，但許多台灣人卻將文化軟實力建立在金玉其外的頭銜、獎項和名聲上，就像浮萍一般飄忽。唯有對世界敞開雙臂，培養文化論述能力，重視文化外交，才能讓我們站穩腳步。即便人數稀少，台灣也能長出強韌的根，在世界的花園裡抓牢一片土壤，綻放獨一無二的美麗。

結論

台灣的答案，世界的答案

台灣文化節在加拿大舉辦已經超過三十年，從草創初期的台灣作曲家之夜音樂會，一步步擴大規模，成為展現台灣藝文能量的舞台。二〇一〇年的冬季奧運藝術節是個重大的轉捩點，奧運結束後，溫哥華市中心商會為了延續市中心的人潮，開始邀請許多組織到市中心舉辦活動，台灣文化節正是其中之一。

溫哥華市中心大多是辦公大樓，消費也高於市郊，亞裔人口鮮少到市中心走動，溫哥華市中心商會希望能吸引各個社群的民眾來體驗市中心的魅力，因此提議舉辦各式活動節目來活絡市中心。不過，到市中心辦活動的成本大增，還必須考慮治安、消防公安等問題，導致許多組織卻步，但ACSEA克服萬難，堅持了下來：「我們去市中心的目的是希望能接觸更多的人。」

台灣文化節舉辦活動的地點分散在市中心各處，讓市區的各個角落都熱鬧了起來，連公車都必須為台灣文化節改道，活動前夕總會看到溫哥華街頭上張貼著告示，電台也配合宣導。夏天的溫哥華是搭遊輪前往阿拉斯加旅遊的旅客中繼站，許多剛下船的觀光客在溫哥華第一個碰到的活動就是台灣文化節。為了讓這個活動更能代表溫哥華，ACSEA開始轉型，邀請更多族裔和社群加入，「與亞洲對話」系列就是在這個背景下誕生的。

如今，台灣文化節已經成為溫哥華標誌性的年度活動。成為地標的還有LunarFest，溫哥華旅遊局將LunarFest列為溫哥華農曆春節期間的重點活動，展現專屬於溫城多元文化的豐富面貌。

從城市邊陲走向中心，從聚焦台灣轉向與其他社群合作，在過程中，ACSEA團隊把台灣的故事帶到加拿大，同時也更加認識台灣這座島嶼。他們發掘了許多為理念而努力的台灣人，在台灣的各個角落默默耕耘著，其中有些故事連台灣人自己都不見得知道，ACSEA經常收到台灣人表示意外和驚豔的回饋。吳權益說：「我沒有把這些東西變出來，這些東西都不是我做的，我唯一做的是找到另外一個方法讓他們被認識，去發現他新的力量。」這些人事物就像一塊塊璞玉，經過策展團隊的琢磨，散發出美麗的光芒。

過去二十年累積的點點滴滴讓ACSEA團隊慣於面對挑戰，他們總是抱持開放的態度，因為經驗告訴他們，可能性總會在意想不到的地方湧現，不加以設限才能長出豐碩的果實。台灣文化節在加拿大的處境，就像是台灣在國際社會上的縮影，中國因素時常影響著活動和策展，但ACSEA並未因此氣餒，反而找到許多方法突破了這些困境。

吳權益說，台灣人時常因為受中國打壓，而無法加入世界性組織，或因為被其他國家和企業視為中國的一省而灰心喪志，怨嘆自己被排拒在外，或為此奔走努力。加入國際組織固然有助於改變台灣的處境，但他並不認為這是首要任務，台灣還有許多參與國際社會的機會：「我們太在意光環、太在意頭銜、太在意名分，但台灣有本錢一直在意那些東西嗎？」有些框架是台灣人自己加諸於身的，若跳脫習慣的思維，台灣還有許多空間可以發揮影響力，成為國際社會的一分子。

一直到今天，ACSEA仍在靠著文化策展和行動，尋覓和開闢各種可能的路徑。

向了不起的台灣學習

二〇二〇年，台灣文化節原訂延續「與亞洲對話」系列，要展開與韓國社群的合作，無奈碰上新冠肺炎疫情加劇，實體活動不得不喊停。ACSEA有感於疫情帶來的種種社會變遷，包括人際距離的改變、族群衝突等等，以「生存·前·後」為題，策劃出一系列與後疫情時代相關的線上節目和藝術展覽。疫病所引發的恐慌造成許多歧視事件，人際之間的隔閡加深，在這樣的時刻，不同的族裔和社群更需要對話，來共同面對疫情的挑戰。

吳權益馬上想到他的好友、《喬治亞週報》的總編輯查理．史密斯。加拿大的疫情惡化後，民眾都盡量減少外出，但為了聊聊疫情所帶來的影響，以及能夠為此做些什麼，兩人都是第一次久違地到餐廳用餐。

當時，吳權益向史密斯提出「台灣模式」（Taiwan Model）的構想，這是他從多年來的策展經驗，加上對台灣和國際局勢的理解，綜合得出對台灣定位的嶄新詮釋。吳權益認為，台灣的發展進程和現況，可以成為世界各國與中國互動模式的參照，而這在疫情延燒的當頭更是值得思考的課題。史密斯立刻表示認同，認為加拿大有許多能向台灣學習、和台灣交流的地方，而加拿大與中國一言難盡的關係，也是台灣模式能夠帶給加拿大啟發的原因。

加拿大是一個依靠能源外銷支撐經濟的小國，只要對外穩定輸出天然氣和石油，國內的經濟就可以安定發展。天然氣和石油是開發中國家進行各項建設的基礎，而目前世界上能源需求最大的就是中國。加拿大於一九七〇年與中國建交，九〇年代後與中國的商貿來往更加頻繁，加拿大的經濟因此好轉，也有愈來愈多中國留學生到加拿大就學。儘管關係緊密，有許多徵兆看出中國並不如加拿大所預想，是維護世界和平的角色，例如天安門事件、對圖博和香港的鎮壓、把科技當作監控手段等等。

二〇一八年，加拿大警方協助美國引渡遭詐騙罪起訴的華為副董事長孟晚舟後，中國以「涉嫌危害中國國家安全」為罪名，拘捕了前外交官康明凱（Michael Kovrig）和商人斯帕弗（Michael Spavor），審判過程多有不公之處，並且在二〇一九年全面禁止加拿大的芥菜籽進口，加拿大豬肉和牛肉的進口也遭受阻礙，被加拿大政府視為對孟晚舟事件的報復。過去加拿大政府希望能透過貿易協定，要求中國承諾民主化並更重視人權，如今卻發現中國政府沒有任何實際作為，但加拿大經濟對中國的依賴卻日益加深，引發加拿大國內的某些輿論呼籲，應該重新思索如何改善加中關係的失衡狀態。

史密斯在同年台灣文化節「希望講堂」的線上節目*中便直言，加拿大只重視中國卻忽略台灣是不明智的做法，因為台灣和加拿大有許多共同點，我們都擁有民主自由，社會運動興盛，支持環境保育、多元文化等進步價值。在這樣的基礎上，比起中國，加拿大其

* 註釋：影片網址：https://www.youtube.com/watch?v=YYdv8J3BWPM&ab_channel=TAIWANfestVancouver

實更能夠與台灣對話。

史密斯說：「我們可以依靠台灣來照亮我們，向這個了不起的國家學習，如此和平、民主又照顧人民。」台灣和加拿大皆曾受到殖民，不過，「台灣人會欣賞殖民時期在他們的文化身分上所帶來的影響，並創建出新的、獨立的身分認同。」台灣藝術文化蓬勃發展，融合東西方的藝文特色，同時兼顧經濟成長，更是用科技帶來創新的專家。

當然，最重要的是台灣與中國的互動模式。台灣和中國的微妙關係，可以讓加拿大以及其他經濟上依賴中國的國家作為借鏡：兩岸距離這麼近，經貿往來十分密切，卻又保持雙方的政治獨立，究竟是怎麼取得平衡的？

史密斯說：「我很遺憾加拿大的政界和媒體，未能充分看重台灣和加拿大之間的連結，我們能從台灣身上學到什麼，以及台加之間的關聯性。」加拿大媒體普遍對台灣並不熟悉，史密斯有時向同業提及台灣是亞洲第一個同性婚姻合法化的國家，同業都會驚訝不已，這麼一來也就難以增進一般民眾對台灣的認識。此外，許多加拿大的政治人物因為顧慮中國，而不說出「台灣」兩字，史密斯直言這是非常膽小可恥的行為，對於和加拿大同樣重視民主價值的台灣，和在加拿大的台灣移民都不公平。

史密斯也藉機鼓勵加拿大人多多主動認識台灣：「我想最好的方法就是交一些台灣朋友，與他們見面、學習、深入交往，你就會發現他們是很棒的人，他們很有文化、很文明、很有教養，對國家來說是很好的公民，我想任何有台灣朋友的人都會這麼想。」

如何面對中國？台灣可以教大家的事

雖然台灣無法像中國帶給加拿大龐大的政治利益，但是透過「台灣模式」和價值的倡議，台灣社群能夠喚起其他加拿大人民的思考：「我們到底在意的是什麼？」當這些議題在加拿大社會變得不可忽略，台灣的重要性就會被看見。而當台灣因為中國因素受到排擠，也可以藉此爭取更多的空間。

而這不僅是台灣文化節在加拿大的生存之道，更是台灣在國際上能夠找到全新定位的契機，成為世界各國與中國互動時的參考範本。

台灣曾經是盜版大國，曾不人道地引進外籍新娘，壓迫移工和原住民，和許多國家的發展歷程近似，中國也正在走這條路，可是台灣已經擺脫極權專制，成為自由民主的國家，也開始反省和彌補對弱勢族群的壓迫。「這個模式或許是大家可以去想像中國可以發展的模式，我們今天要跟中國接觸無妨，但你一定要把台灣當作參考值。」台灣可以成為世界各國與中國談判的方法，破除中國威權統治的藉口：「你（中國）今天說台灣是華人世界，跟你同文同種，那台灣可以做，為什麼你不能做？」

我們總希望有更多西方國家可以承認台灣，但這在中國的強大影響力之下是有些不切實際的想法，不過，要他們認可台灣模式或許是更容易的：「先讓他們承認台灣模式是西方國家制訂中國政策的重要參考，先承認台灣模式對中國是好的、是良善的，是中國人可以想像更健康的那一代。先從這一步開始，再來談雙邊或多邊的關係，或國際地位。」西方國家要承認台灣還有許多政治因素需要克服，但若能退一步先用台灣模式來行銷台灣，或許是另一條可行的道路。

台灣模式明確傳達了一個訊息：「台灣和中國不一樣。」強調這一點並不是為了劃清界線，而是要去影響中國，讓台灣成為幫助中國發展的一股力量。既然世界不可能和中國切斷關係，不如給中國解藥和方向，而台灣模式就是解答。

吳權益坦言，如今中國的經濟已經過於強勢，要用台灣模式撼動中國絕非易事：「但我們可以影響他們在海外的第二代。台灣如果沒有海外的台灣人，就不會有民主發展。中國也一樣，我常常跟身邊的中國人講：『你們扮演的角色比在中國內部的人更重要，因為你們有機會接觸到不同的想法和理念。』」

一點一滴累積改變，儘管路長且遠，但「台灣模式」照亮著未來的可能。

放下中國包袱後的文化重生

史密斯在《喬治亞週報》刊登關於台灣的報導，曾經收到一位讀者的回饋，他認為，或許可以將台灣和加拿大都視為新興國家，兩國皆曾經歷強權殖民、外來人口移入，與原住民族衝突和共存，並在一戰和二戰後逐步建立獨立政權。這個「新興國家」的觀點帶給吳權益全新的啟發。若台灣能自視為新興國家，或許就能放下「中國」的包袱，不需要與中共政權較勁，而是和其他歷史脈絡更接近的新興國家對話交流，或許能夠打開更多的可能性。

就像美國人在新的空間和土地上，用新的文化創造新的價值，並且不斷再生，最終擺脫母國英國的框架，建立屬於自己的優勢；台灣最大的優勢不是固守中華文化的正統，而是不斷進步與反思的力量。

在當今台灣的年輕世代身上，吳權益看到了這種文化再生的能力，可是卻被許多因素限制和壓抑。他認為，台灣人如果想要擺脫過去的框架，就必須用不同的角度看待自己，形塑出全新的台灣面貌：「我們有沒有辦法，在這十年之內創造一個非常不同的、詮釋台灣的方法，用這十年的時間讓大家重新認識台灣？」

這也是ＡＣＳＥＡ團隊對自己的期許，以重新詮釋台灣為出發點，許多策展行動正在醞釀和啟動。

二〇二一年的聖誕節，團隊即將把LunarFest的理念延續到台灣，讓聖誕節的慶祝活動在地化，長出台灣自己的樣子。吳權益說：「台灣人對聖誕節的認識可能都是西方人的聖誕節，但西方真正想要知道的可能是『台灣』怎麼過聖誕節。」ＡＣＳＥＡ以西方聖誕節經常演出的《胡桃鉗》芭蕾舞劇為發想，在柴可夫斯基創作的西班牙、阿拉伯、中國和俄羅斯舞曲外，添加了胡桃鉗娃娃來訪「台灣王國」的新樂章。

ＡＣＳＥＡ邀請國立傳統藝術中心的台灣國樂團改編演奏柴可夫斯基的樂曲，並找來台灣芭蕾舞團演出。同時他們還和圓山飯店、大稻埕、北投文物館合作，分別代表台灣文化中的中式、台式和日式風貌，在台北的兒童新樂園舉辦遊行表演。聖誕節是西方國家的長假和旅遊旺季，如果西方的旅客有意到亞洲觀光，台北或許可以成為選項之一，在台北過個與眾不同的聖誕節。

ACSEA希望藉此吸引台北市不同的族群來過聖誕節，同時反映出台灣獨一無二的文化。吳權益說：「和LunarFest一樣，我們結合社區的力量，用大家可能已經知道的元素，那邊是農曆過年，這邊是聖誕節，然後再用彼此的連結去講自己的故事。」

除此之外，ACSEA正在籌劃一個與眾不同的藝術節，從自然與人文的互動關係來講述台灣。

讓台灣成為世界的答案

ACSEA在二〇一七年，因為籌畫台灣文化節的「與日本乾杯」展覽，認識了陳澄波文化基金會和陳立栢董事長。陳立栢先生曾旅外從商多年，在國外常常面臨不知該如何介紹台灣的窘境，他會說「台灣在中國的東南方」、「台灣在日本、韓國的南邊」，但總覺得這些說法不太恰當。直到回到故鄉台灣，他重新「閱讀」祖父的畫作，才在其中找到答案。

陳澄波喜歡畫山林和海洋，也不難從畫中看出他時常上山做研究。在繪畫生涯伊始，他曾創作《北回歸線立標》一畫，而他的遺作《玉山積雪》則是從嘉義市市區望向玉山主峰所畫下的，這雙畫家的眼睛總是望向台灣的海洋、山林與地理，而這正是現代的台灣人所缺乏的視野。從祖父畫中對台灣風土的關懷，陳立栢這才意識到，台灣的獨特性就存在於我們得天獨厚的自然環境中：「黑潮和北回歸線交界之處，全世界只有一個，那就是我的故鄉台灣。我們不是宇宙的中心，但我們也不是某個地方的邊陲，所以我們不必驕傲，也不必喪志。」

黑潮的能量、溫帶與熱帶氣候的交界、中央山脈的多變地形，孕育出台灣這座生機盎然的島嶼。大自然的多元物種中當然也少不了人類，來自世界各地的人皆曾經造訪台灣這塊土地，或於此落地生根。以這樣的概念為本，ACSEA正在籌劃舉辦「山海人探索藝術節」（Reflect Festival），從自然環境和人類遷徙歷史的角度來探討台灣的獨特性。

他們為此拜訪了許多懷抱相似理念的組織和人物，包括阿里山世界遺產協會、黑潮海洋文教基金會、環境記錄工作者柯金源、海洋文學作家廖鴻基、鯨豚攝影師金磊、北投文物館館長李莎莉等人，希望能把這些人串連起來，共同提出嶄新的台灣論述。

他們甚至在過程中，發現台灣和北美的諸多連結。在歷史學者曹永和生前留下的研究文獻中，他們發現荷蘭大航海時代的航行路線同時影響了溫哥華和台灣。生態學者陳玉峰告訴他們，在台灣自然與人文歷史上極具重要性的檜木其實源自於北美，目前僅存於北美、日本和台灣。於是，他們也著手和溫哥華市立博物館討論合辦藝術節，與加拿大當地的學者、環境工作者或藝術家合作，計畫未來將每年輪流在台灣和溫哥華兩地舉辦，豐富台加兩地的交流和對話。

「台灣要形成這樣的自然地貌，孕育這麼多物種，不是一天兩天可以達成的，那樣的時間尺度超越了所謂的五千年歷史，那為什麼我們還停留在那樣的方式去看待自己？」吳權益期待，這樣的論述可以擺脫歷史與政治的包袱，讓世界重新認識台灣，也讓台灣人走出一條新的路。

台灣可以是多元文化對話的橋梁，可以是各國與中國互動的參考，還可以是文化再生的典範。ACSEA透過文化策展，不斷挖掘台灣與世界的連結，不斷思考台灣如何站穩自己的腳步，而台灣又能帶給世界什麼。「讓台灣成為世界的答案」是對自我的期許，是驅動的力量，更是殷切的邀請，邀請台灣人共同去想像這座島嶼未來的可能與願景。

「台灣是不是世界的答案？或許有人不這麼認為。但我相信只要我們努力去探索、去研究、去連結，就一定有機會。」——而探索的旅程正在起步，等待著你我加入同行。

八旗國際13

台灣，世界的答案

加拿大為何會認為台灣很重要？

作　　者　吳權益
撰　　述　張蘊之、黃楷君
編　　輯　王家軒
校　　對　陳佩伶
封面設計　蕭旭芳

企　　劃　蔡慧華
總 編 輯　富　察
社　　長　郭重興
發行人兼出版總監　曾大福
出版發行　八旗文化／遠足文化事業股份有限公司
地　　址　新北市新店區民權路108-2號9樓
電　　話　02-22181417
傳　　真　02-86671065
客服專線　0800-221029
信　　箱　gusa0601@gmail.com
Facebook　facebook.com/gusapublishing
Blog　gusapublishing.blogspot.com
法律顧問　華洋法律事務所／蘇文生律師

印　　刷　前進彩藝有限公司
定　　價　450元
初版一刷　2021年（民110）10月
ISBN：978-986-0763-49-2
ISBN：978-986-0763-54-6 (EPUB)
ISBN：978-986-0763-52-2 (PDF)

國家圖書館出版品預行編目（CIP）資料

台灣，世界的答案：加拿大為何會認為台灣很重要？／吳權益著. -- 一版. -- 新北市：八旗文化出版：遠足文化事業股份有限公司發行, 民110.10
面；　公分
ISBN 978-986-0763-49-2（平裝）
1.臺灣文化　2.藝文活動
733.4　　110015303